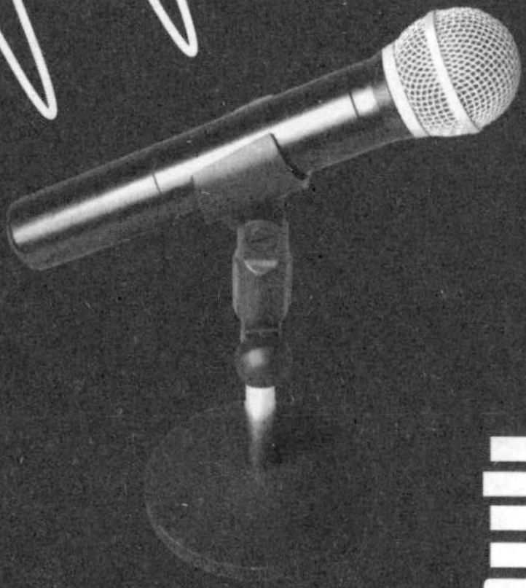

攻心為上
說話高手
訓練班

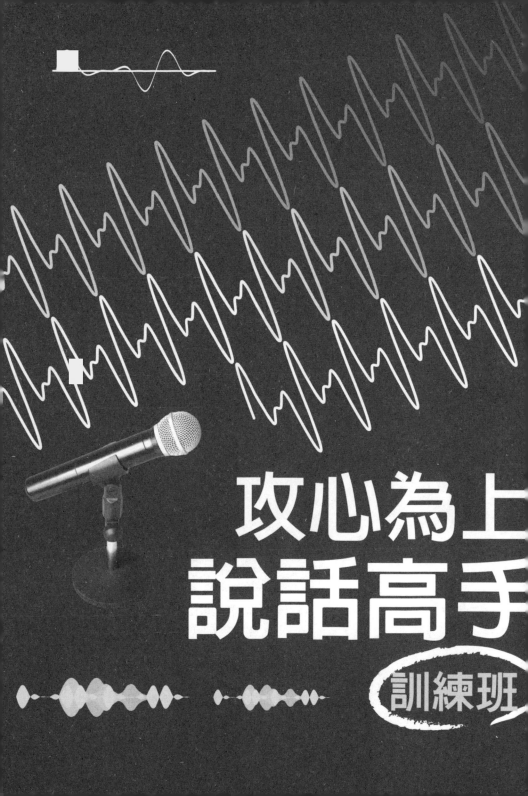

社會大學 30

攻心為上：說話高手訓練班

編著：任琦軒
出版者：大拓文化事業有限公司
執行編輯：賴美君
封面設計：林鈺恆
內文排版：姚恩涵

總經銷：永續圖書有限公司
劃撥帳號：18669219
地址：22103 新北市汐止區大同路三段一九十四號九樓之一
TEL (〇二)八六四七—三六六三
FAX (〇二)八六四七—三六六〇
E-mail yungjiuh@ms45.hinet.net
網址 www.foreverbooks.com.tw

CVS代理：美璟文化有限公司
TEL (〇二)二七二三—九九六八
FAX (〇二)二七二三—九六六八

法律顧問：方圓法律事務所 涂成樞律師

出版日◇二〇二〇年一月

國家圖書館出版品預行編目資料

攻心為上：說話高手訓練班 / 任琦軒編著.
-- 一版. -- 新北市：大拓文化, 2020.01
面； 公分. --(社會大學；30)
ISBN 978-986-411-110-7(平裝)
1.說話藝術 2.口才 3.溝通技巧
192.32 108019364

前言

也許有人會說：只有那些辯論場上的辯手，出庭的大律師，天天到處演講的演說家，以及抱著一大堆貨物推銷的推銷員們才會擔心口才的問題，作為一般的群眾，每天的生活用語知道就可以了。這種觀點是完全錯誤的，口才是每個人都擁有的，只是其發揮作用的大小和程度的好壞問題。

也許口才好在剛才所說的幾項職業中顯得更為重要一些，決定這些人是否能繼續進行他們的工作，效果也是立竿見影的。可是隨著社會的進步和發展，隨著「自我推銷的時尚變為必要，口才對每一個想要取得自身成功的人來說都已成為了一項不可缺少的要素。口才好的人，說話說得使人佩服，而且往往可以很順利地達到自己的目的。一個人如果具有良好的口才，無論是立身處世，還是交友待人，都一定會瀟灑自如。

傑伊・曼格姆是奧克拉荷馬州塔爾薩一家電梯維修公司的代表，這個公司與塔爾薩最大的一家旅館訂有維修合約。旅館的經理不願讓電梯一次停兩小時以上，因為這樣將會給旅館客人造成不便。這次維修起碼需要八小時，而且公司不一定總有閒著的合格機械師供旅館使用。

當曼格姆先生終於安排好一名一流技工來進行維修時，他先打了電話給旅館總經理里克。不過他並沒有開口就在時間上討價還價，而是說：「里克，我知道你的旅館生意興隆，你只願意電梯盡可能停開很短的時間。我理解你的憂慮，我們一定盡力使你滿意。可是我們檢查後發現需要大檢修，否則將會帶來更大的損壞，那樣電梯可能得停更長的時間了。我想你不會樂意給客人造成幾天的不便。」

最後，經理同意停駛電梯八個小時，他認為假如突然停機好幾天會更麻煩。正因為對經理方便客人的立場表示同情，曼格姆才能夠輕而易舉地說服經理接受他的主張而沒有引起後者的不悅。

曼格姆為什麼能夠讓旅館經理服從自己安排的時間表？因為他懂得說話

的藝術，具有出色的口才。

為什麼有的經營者講話別人不愛聽？為什麼有的人商業談判常常失利？為什麼好的商品不被市場所認識和接納？……問題出在哪裡？口才不好，表達不清，所說的話沒有達到預期的效果，因而影響了溝通和交流。

在社會上，即使最簡單的事情，也需要彼此合作，這意味表達能力對一個人的成功是舉足輕重的——語言是彼此聯繫的起點、終點和聯接點。

說話是人的天賦本能，但良好的談吐要靠後天的練習。許多人以為口才只是口上之才，這種看法是有些片面的。一個人的口才，有賴於相當的訓練。

良好的口才是建基於善於學習、善於思考、善於觀察、常識豐富和思維敏捷之上的。本書為你提供了大量生動具體的生活場景和精彩案例，可以提高你在這些方面的能力。

CONTENTS

第1卷 所謂高手——說話高手的四大基本功

第四回　拒絕

第2卷 修練——溝通

第一回　這樣溝通最有效

CONTENTS

第4卷 比試——這樣說話最得體

第5卷 最高境界——幽默

攻心為上
說話高手
訓練班

第一卷

所謂高手

説話高手的四大基本功

第一回 讚美

─讚美是送給別人最好的禮物

讚美是對別人的尊重和評價，也是送給別人的最好禮物和報酬，是做好人際關係的投資。世界上的人大都愛聽好話，沒有人打心眼裡喜歡別人來指責他，就是相濡以沫的朋友，你批評幾句，對方往往面子也有掛不住的時候。

日本的社會心理學家在細和孝就說過：「人們對你讚譽、佩服或表示敬意時，即使是應酬或拍馬屁的話，你也許還是覺得心中有些飄飄然。可是，聽到他人對你的批評，不中聽的言語時，即使他沒有惡意中傷，而且又部分符合實際，你也可能長期對他抱有反感。」

一、讚美是一種溝通

一位學者在一所大學任教，這人深沉不露，嚴肅認真。他老婆在實驗室工作，經常與電腦機器和資料打交道，也難免謹慎和刻板。然而不久前朋友們卻發現其妻年輕了許多，不僅待人熱情洋溢，而穿戴打扮也煥然一新。遇到開心的事，笑聲爽朗，很動人。眾人很納悶，她怎麼像換了個人似的？詢問這位學者，才知道她近來換了一個工作環境，那裡年輕人多，氣氛融洽，上司又是一個充滿活力，非常會說笑話的人，非常讚賞她工作的認真和負責。也適時地給予她應有的鼓勵和讚美，她突然感覺到自己好像生活在另外的世界裡，陽光燦爛，空氣清新，精神充滿了朝氣。

讚美不僅能改善人際關係，而且能改變一個人的精神和情感世界。所以讚美的過程，是一個溝通的過程。

二、讚美是一種鼓勵

某校一位同學，在一次命題作文中，抄襲了一期雜誌上的一篇散文。

極為巧合的是，語文老師恰好手裡有這一期雜誌。多年的從教生涯，使他深深地懂得，保護學生的自尊要用鼓勵和讚美，這比用挖苦和指責所收到的效果要好得多，因為它給同學的，是正面的引導和促進。所以，他沒有批評學生，而是把這位同學私下叫到房間裡，稱讚這篇散文寫得很好，並幫助他分析了文章結構和起承轉合，囑咐他向更高的寫作目標奮鬥。結果，這一次保護面子的讚美行動，在這位同學心中留下了極為深刻的印象。他真的愛上了寫作，硬是靠著執著和勤奮，成為了知名的業餘作家。

2 以鼓勵感染對方

一位教師經常責罵不完成作業的學生，出於對訓斥的反感，有個學生禮貌地建議老師，是否能以表揚完成作業的學生來取代批評沒有完成作業的人。老師採納了他的建議。果然，幾個星期後，他不僅看到同學們認真完成作業，而且，看到一個充滿歡樂氣氛的教室。

可見，讚美對行為有著不可估量的作用。哈佛大學藻類學專家斯金諾的實驗也充分地肯定了這一點。他認為，鼓勵不僅僅是獎賞和懲罰，它有著促使某種行為重新出現的趨向。當動物的大腦接收到鼓勵的刺激，大腦皮層優勢興奮中心調動起各個系統的「積極性」，潛在的力量能動地變成了現實，行為發生了改變。

他說：「我最初認識到這一問題，是在夏威夷海洋生物公司大型水族館工作的時候。一九六三年，我在那裡擔任海豚教練員的負責人。訓練馬和狗，可以用傳統的訓練方法，但是，對那些水生動物，不能使用皮帶，『積極的鼓勵法』是我們唯一的方法。

我們通常採取『條件鼓勵法』。運用條件反射原理，我們讓一些原始的信號（聲音、光等等），和一些基本的鼓勵（給食物）聯繫起來，使這些信號在牠們頭腦中和鼓勵的刺激建立穩固的聯繫，當信號一出現，鼓勵的作用也同時出現了。

海豚教練員們經常在餵食的時間吹口哨，口哨成了海豚的鼓勵信號。我曾見到，在沒有給食物的條件下，動物們聽到口哨，表演了一個多小時的節目。

一般來說，鼓勵有兩種形式，肯定的和否定的。肯定的鼓勵，出自對主體需要的滿足。例如，給動物食物，撫愛、表揚等等。否定的鼓勵，使用於禁止的、要牠迴避的事情。例如，打牠，對牠皺眉頭，或者發出不愉快的聲響。只要發出肯定的鼓勵信號，行為必然會得到改善。」

鼓勵的力量是相對的，不是絕對的。鼓勵是有條件的。在你溫飽的時候，食物並不是鼓勵的因素，但是，在訓練動物的場所，這是各種鼓勵法中最有效的方式。

3 別畫蛇添足

許多人在稱讚他人時都易犯一個嚴重的錯誤：他們把讚賞打了折扣再送出。對某部分不是給予百分之百的讚賞，而是畫蛇添足地加上幾句令人沮喪的評論或是一些能很大程度削弱讚賞作用的話語。

比如：「您做的菜味道真好，每一樣都不錯，就是湯汁多了點。」這種折扣不僅破壞了你的讚美，還有可能成為引起激烈爭論的導火線。

有個人晚上在飯店碰到一位認識的朋友，她正和一位女伴在用餐，兩人剛聽完歌劇，穿戴漂亮。

這個人覺得眼前一亮，很想恭維一下對方：「噢，瑪麗，今晚妳看起來真漂亮，很像個女人。」

對方難免生氣：「那我平常看起來是什麼樣子呢？像個男人嗎？」

在一次管理層會議上，一位報告人登臺了。

會議主持人向略顯吃驚的觀眾介紹：「這位就是劉小姐，這幾年來她的銷售培訓工作做得非常出色，也算有點名氣了。」這末尾的一句話顯然畫蛇添足地讓人不太舒服，什麼叫「也算有點名氣了」呢？

這些稱讚的話會由於用詞不當，讓對方聽來不像讚美，倒更像是貶低或侮辱。結果自然是不歡而散，事與願違。

第二回 批評

─先全面瞭解掌握情況

二次世界大戰期間，美國太平洋戰區司令官布萊德雷將軍有次奉召執行一次危險而緊急的任務。於是，他立刻召集了手下將士，排成一個長列。

「這次我們的任務既艱巨又危險！」布萊德雷眼光瞟了大家一眼，「哪位願意冒險擔任這項任務，請向前走兩步……」

此時適逢一位參謀遞給他一項最新的戰報，於是布萊德雷和對方交頭接耳了片刻，等到他處理完戰報，再面對行列中的眾將士時，發現長長的隊伍仍是條直線，沒有一個人比旁邊的人多向前兩步。

他這時再也按捺不住了：「養兵千日，現在情況緊急，竟然一個人都沒有……」

「報告司令！」只見站在最前排的人滿臉委屈地說道：「我們每個人都向前跨了兩步……」

布萊德雷將軍意識到，自己錯怪了這隊勇敢的士兵。

在日常生活中，我們往往在沒分清青紅皂白時，就急著批評別人，等到發現傷害了人家，已為時太遲。所以在批評別人之前，一定要先全面瞭解掌握情況。

2 儘量讓對方說話

大多數人要使別人同意他自己的觀點時，常常把話說得太多了，尤其是推銷員，常犯這種錯誤。儘量讓對方說話吧，他對自己事業和他的問題，瞭解得比你多。即使你在批評別人的時候，也要向對方提出問題，讓對方講述自己的看法。

如果你不同意他的看法，你也許會很想打斷他的講話。但不要那樣，那樣做很危險。當他有許多話急著說出來的時候，他是不會理你的。因此你要耐心地聽著，抱著一種開放的心胸，要做得誠懇，讓他充分地說出他的看法。

芭貝拉・魏爾生和他女兒洛瑞的關係快速地惡化了。洛瑞過去是一個很乖、很快樂的小孩，但是到了十幾歲卻變得很叛逆，有的時候，甚至於喜歡爭辯不已。魏爾生太太曾經教訓過她，恐嚇過她，還處罰過她，但是都收不到任何效果。

一天，魏爾生太太放棄了一切努力。洛瑞不聽她的話，家事還沒有做完就離家去找她的朋友。在女兒回來的時候，魏爾生太太本來想對她大吼一番。但是她已經沒有發脾氣的力氣了。魏爾生太太只是看著女兒並且傷心地說：「洛瑞，為什麼會這樣？」

洛瑞看出媽媽的心情，平靜的問魏爾生太太：「妳真的想知道？」

魏爾生太太點點頭，於是洛瑞就告訴了媽媽自己的想法。開始還有點吞吞吐吐，後來就毫無保留地說出了一切情形。

魏爾生太太從來沒有聽過女兒的心裡話，她總是告訴女兒該做這該做那。當女兒要把自己的想法、感覺、看法告訴她的時候，她總是打斷她的話，而給女兒更多的命令。魏爾生太太開始認識到，女兒需要的不是一個忙碌的母親，而是一個密友，讓她把成長所帶給她的苦悶和混亂發洩出來。過去自己應該聽的時候，卻只是講，自己從來都沒有聽她說話。

從那次以後，魏爾生太太想批評女兒的時候，就總是先讓女兒儘量地說，讓女兒把她心裡的事都告訴自己。她們之間的關係大為改善。不需要太多的批評，女兒就會很合作。

使對方多多說話，試著去瞭解別人，從他的觀點來看待事情，就能創造生活奇蹟，使你得到友誼，減少摩擦和困難。記著，別人也許完全錯誤，但他並不認為如此。因此，不要責備他。試著去瞭解他，只有聰明容忍、特別的人才會這麼做。

別人之所以那麼想，一定存在著某種原因。查出那個隱藏的原因，你就等於擁有解答他的行為、也許是他的個性的鑰匙。試著忠實地使自己置身於他的處境。如果你對自己說：「如果我處在他的情況下，我會有什麼感覺，有什麼反應？」那你就會節省不少時間及苦惱。戴爾・卡內基指出：「若對原因發生興趣，我們就不太會對結果不喜歡。」

3 批評別人的實用技巧

一、引起對方的興趣

查理是個自尊心很強的男孩子，每次老師交待論文他都很認真地去寫，成績也相當出色。但有一次老師發現查理的論文內容不好，沒有寫他真正理解了的東西。怎麼辦呢？如果直截了當地說出來，會使查理非常難堪。於是老師心生一計，他把查理找來，絕口不提論文的事。而是問查理對什麼最有興趣？查理說最喜歡狗。老師說：「很湊巧，我也是個狗迷。」接著，他們從各個角度談起了狗，竟然談了一個半小時。到最後，查理說：「我應該換個主題來寫那篇論文，現在我差不多已經有了個新的構想，就是剛才我們談到的關於『寵物』的問題，我想這次我一定能把它寫好。」果然，查理的這篇論文，從「寵物熱」這一角度入手，分析了現代家庭問題，寫得相當出色。

查理的老師沒有簡單地告訴查理論文需要重寫，而採取了鼓勵暗示的方法，從對方身上引出話題，讓他自發地暢談，最終達到其「自我否定、自我改善」的結果。這種指導方式既不致使對方不愉快，還會激起他新的興趣，充滿自信心地改正缺點和錯誤，這是批評人的一個良好模式。

二、換個方法說

一位美國父親的故事讓我們佩服他說服兒子的技巧：

昨天晚上，我太太拿電話帳單給我看：

「你看看，兒子在我們去歐洲的時候，打了多少長途電話，」她指著其中一項，「單單這一天，這一通就打了一小時又四十分鐘。」

「什麼?這還得了!」我立刻準備上樓去說他。可是，才站起來，又坐下了。我想，自己在氣頭上，還是不說的好。而且兒子這麼大了，我要說，也得有點技巧。

我把話忍到今天，中午吃飯的時候，我對兒子笑著說：「你馬上回學校了，查一查資料，找一家長途費率最低的電話公司。」然後，又來個急轉彎，「咳，其實你上博士班，恐怕也沒有時間打，我是多操心了。」

「是啊，是啊，」他不好意思地說，「你是不是看到了我上個月的電話帳單？那陣子因為要回臺灣，一大堆事急著聯絡，所以確實打多了。」

吃完飯，我很得意，覺得自己把要說的「省錢、少打電話、別誤了功課」這些話，全換個方法說了，卻沒一點不愉快。

三、請教式

有一個人在一處禁捕的水庫內網魚。遠處走來一位員警，捕魚者心想這下糟了。員警走近後，出乎意料，不僅沒有大聲訓斥，反而和氣地說：「先生，您在此洗網子，下游的河水豈不是會被污染？」這情景令捕魚者十分後悔，連忙誠懇地道歉。若是員警當初責罵他，那效果就不一樣了。

第三回　說服

—關鍵在於耐心

如果你的觀點是對的，一時說不過人家，你很可能會犯過分心急的毛病。當然，如果人家聽了你說服的話，立刻點頭叫好，改弦易轍，並稱讚你「一言驚醒夢中人。」這自然是最妙不過的。實際上，這樣情況並不多見。別人的看法、想法、做法，不是一天形成的。因此，要對方改變看法也決非一日之功。相反，即使他當時表示了心悅誠服，你還要讓他回去好好考慮。因為積習難改，當面服了，回去細想可能還會反悔。

正確的做法第一要耐心，第二要耐心，第三還是要耐心。

說服與批評之間，既有相似相通之處，又有相異相悖之處。這是兩個有部分外延交叉重疊的概念。

說服人接受你的主張，總要或多或少能給對方帶來一定的精神上或物質上的好處。說服的過程，就是宣傳這種好處，令對方信服。被說服者不一定有什麼缺點、錯誤，他放棄的主張與接受你宣傳的主張，不一定有正誤之分，可能只有全面、完美的程度之別。

批評的態度較嚴肅或嚴厲，說話的語氣也較重、較強硬；說服的態度較溫和，說服的語氣也較輕、較委婉。批評的話語，貶義詞多於褒義詞、否定詞多於肯定詞。說服的話語，褒貶皆可；根據說服的對象與內容的不同，有時褒多於貶，有時貶多於褒。

如果進一步仔細分類，說服還可以再分為批評性說服與讚美性說服兩類。接受批評，可能會屬於自覺自願，也可能多少帶點勉強。接受說服，完全是自覺自願，不帶任何勉強。

2 說服別人要循序漸進

一、先瞭解對方的想法

曾經有一位很優秀的管理者這麼說：「假如客戶很會說話，那麼我已有希望成功地說服對方，因對方已講了七成話，而我們只要說三成話就夠了！」

事實上，很多人為了要說服對方，就不斷拼命說拼命的說，說完了七成，只留下三成讓客戶「反駁」。這樣如何能順利圓滿地說服對方？所以，應儘量將原來說話的立場改變成聽話的角色，去瞭解對方的想法、意見，以及其想法的來源或憑據，這才是最重要的。

二、再接受對方的想法

例如，當你感覺到對方仍對他原來的想法保持不變的態度，其原因是尚有可取之處，所以他反對你的新提議，此時最好的辦法，就是先接受他的想法，甚至先站在對方的立場發言。

曾經有一個實例，某家庭電器公司的推銷員挨家挨戶推銷洗衣機，當他到一戶人家裡，看見這戶人家的太太正在用洗衣機洗衣服，就忙說：「唉呀！這台洗衣機太舊了，用舊洗衣機是很費時間的，太太，該換新的啦……」

結果，不等這位推銷員說完，這位太太馬上產生反感，駁斥道：「你在說什麼啊！這台洗衣機很耐用的，到現在都沒有故障，新的也不見得好到哪兒去，我才不換新的呢！」

過了幾天，又有一名推銷員來拜訪。他說：

「這是令人懷念的舊洗衣機，因為很耐用，所以對太太有很大的幫助。」

這位推銷員先站在太太的立場上說出她心裡想說的話，使得這位太太非常高興；於是她說：「是啊！這倒是真的！我家這部洗衣機確實已經用了很久，是太舊了點，我倒想換台新的洗衣機！」於是推銷員馬上拿出洗衣機的宣傳小冊子，提供給她做參考。

這種推銷說服技巧，確實大有幫助，因為這位太太已被動搖而產生購買新洗衣機的決心。至於推銷員是否能說服成功，無疑是可以肯定的，只不過是時間長短的問題了。

善於觀察與利用對方微妙心理，是幫助自己提出意見並說服人的要素。一般來說，被說服者之所以感到憂慮，主要是怕「同意」之後，會不會發生意想不到的後果；如果你能洞悉他們的心理癥結，並加以防備，他們還有不答應的理由嗎？

至於令對方感到不安或憂慮的一些問題，要事先想好解決之道，以及說明的方法，一旦對方提出問題時，可以馬上說明。如果你的準備不夠充分，講話時模棱兩可，反而會令人感到不安。所以，你應事先預想一個引起對方可能考慮的問題，此外，還應準備充分的資料，給客戶提供方便，這是相當重要的。

三、讓對方充分瞭解說服的內容

有時，雖然有滿腹的計畫，但在向對方說明時，對方無法完全瞭解其內容，他可能馬上加以否定。另外還有一種情形是，對方不知我們說什麼，卻已先採取拒絕的態度，擺出一副不會被說服的模樣；或者眼光短窄，不聽我們說者也大有人在。如果遇到以上幾種情形，一定要耐心地一項項按順序加以說明。務求對方瞭解我們的真心旨意，這是說服此種人要先解決的問題。

對不能完全瞭解我們說服的內容者，千萬不可意氣用事，必須把自己新建議中的重要性及其優點，一下打入他的心中，讓他確實明白。舉個例子說明，假如你前往說服別人，第一次不被接受時，千萬不可意氣用事地說：

「講了也是白講！」

「講也講不通！浪費唇舌。」

一次說不通就打退堂鼓，這樣是永遠沒有辦法使說服成功的。

3
說服別人的三個步驟

有一次，卡內基突然同時接到兩家研習機構的演講邀請函，一時之間，他無法決定接受哪家邀請。但在分別和兩位負責人洽談過後，他選擇了後者。

在電話中，第一家機構的邀請者是這樣說的：

「請先生不吝賜教，為本公司傳授說話的技巧給中小企業管理者。由於我不太清楚您所講演的內容為何，就請您自行斟酌吧。人數大概不超過一百人……萬事拜託了！」

卡內基認為，這位邀請者說話時平淡無力，缺乏熱忱。給人的感覺，便是一副為工作而工作的態度，讓人感受不到絲毫的熱情，也讓他留下相當不好的印象。

此外，對方既沒明確地提示卡內基應該做什麼、要做到什麼程度，也沒有清楚交代聽講人數，教他如何決定演講內容呢？對此，卡內基自然沒有什麼好感。

而另一家機構的邀請者則是這樣說的：

「懇請先生不吝賜教，傳授一些增強中小管理者說話技巧的訣竅。與會的對象都是擁有五十名左右員工的企業管理者，預定聽講人數為七十人。因為深深體悟到心意相通的時代離我們越來越遙遠，部屬看上司臉色辦事的傳統陋習早已行不通。因此，此次懇請先生蒞臨演講的主要目的，是希望讓所有與會研習者明白，不用語言清楚地表達出自己想法的人，是無法成為優秀的管理人才。希望演說時間能控制在兩個鐘頭左右，內容鎖定在：一、學習說話技巧的必要性；二、掌握說話技巧的好處；三、說話技巧的學習方法這三方面，希望能帶給大家一次別開生面的演講。萬事拜託了！」

卡內基可以感覺到這家機構的邀請者明快幹練、信心十足，完全將他的熱情毫無保留地傳達給了自己。更重要的是，對方在他還沒有提出問題的情況下，就解答了所有的疑問。因此，在卡內基的腦海裡立刻浮現出自己置身講臺的情景，並且很快就能夠想像出參加者的表情，以及自己該講述的內容等。顯然，這種邀請方式很能帶給受邀者好感。

顯然為了說服別人，是需要一定技巧的。其中最重要的是依循一定的步驟。說服他人應按照什麼樣的程式來進行呢？大致有以下幾個步驟：

一、吸引對方的注意和興趣

為了讓對方同意自己的觀點，首先應吸引勸說對象將注意力集中到自己設定的話題上。利用「這樣的事，你覺得怎樣？這對你來說，是絕對有用的……」之類的話轉移他的注意力，讓他願意並且有興趣往下聽。

二、明確表達自己的思想

具體說明你所想表達的話題。比如「如此一來不是就大有改善了嗎？」

之類的話，更進一步深入話題，好讓對方能夠充分理解。明白、清楚的表達能力是成功說服中不可缺少的要素。對方能否輕輕鬆鬆傾聽你的想法與計劃，取決於你如何巧妙運用你的語言技巧。

為了讓你的描述更加生動，少不了要引用一些比喻、舉例來加深聽者的印象。適切地引用比喻和實例能使人產生具體的印象；能讓抽象晦澀的道理變得簡單易懂；甚至使你的主題變成更明確或為人熟知的事物。如此一來，就能夠順利地讓對方在腦海裡產生鮮明的印象。

說話速度的快慢、聲音的大小、語調的高低、停頓的長短、口齒的清晰度……，都不能忽視。除了語言外，你同時也必須以適切的表情、肢體語言來輔助。

三、動之以情

透過你說服對方的內容，瞭解對方對此話題究竟是否喜好、是否滿足，再順勢動之以情或誘之以利告訴他「倘若遵照我說的去做，絕對省時省錢，美觀大方，又有銷路……」不斷刺激他的欲望，直到他躍躍欲試為止。

說服前必須能夠準確地揣摩出對方的心理，才能夠打動人心。如：他在想什麼？他慣用的行為模式為何？現在他想要做什麼等。一般而言，人的思維行動都是由意識控制，即使他人和外界如何地建議或強迫，也不見得能使其改變。

想要以口才服人的你，必須意識到說服的主角不是你而是對方。也就是說，說服的目的，是借對方之力為己服務，而非壓倒對方，因此，一定要從感情深處征服對方。

4 說服人的高超技巧

一、從稱讚和讓對方滿足著手

華克公司承包了一件建築工程，預定於一個特定日期之前。在費城建立一幢龐大的辦公大廈，一切都照原定計劃進行得很順利。大廈接近完成階段，突然，負責供應大廈內部裝飾用銅器的承包商宣稱，他無法如期交貨。如果真是這樣的話，整幢大廈都不能如期完工，公司將承受巨額罰金。長途電話、爭執、不愉快的會談，全都沒效果。於是傑克奉命前往紐約，當面說服銅器承包商。

「您知道嗎？在布魯克林區，有您這個姓名的，只有您一個人。」傑克走進那家公司董事長的辦公室之後，立刻就這麼說。

董事長吃驚：「不，我並不知道。」

「哦，」傑克先生說，「今天早上，我下了火車之後，就查閱電話簿找您的位址，在布魯克林的電話簿上，有您這個姓的，只有您一人。」

「我一直不知道，」董事長說。他很有興趣地查閱電話簿。「嗯，這是一個很不平常的姓，」他驕傲地說。「我這個家族從荷蘭移居紐約，幾乎有二百年了。」一連好幾分鐘，他繼續說到他的家族及祖先。

當他說完之後，傑克先生就恭維他擁有一家很大的工廠，傑克先生說他以前也拜訪過許多同一性質的工廠，但跟他這家工廠比起來就差得太多了。「我從未見過這麼乾淨整潔的銅器工廠。」傑克先生如此說。

「我花了一生的心血建立這個事業，」董事長說，「我對它十分感到驕傲。你願不願意到工廠各處去參觀一下？」

在這段參觀活動中，傑克先生恭維他的組織制度健全，並告訴他為什麼他的工廠看起來比其他的競爭者高級，以及好處在什麼地方。傑克先生還對一些不尋常的機器表示讚賞，這位董事長就宣稱是他發明的。他花了不少時間，向傑克先生說明那些機器如何操作，以及它們的工作效率多麼良好。他堅持請傑克先生吃中飯。到這時為止，你一定注意到，傑克先生一句話也沒有提到此次訪問的真正目的。

吃完中飯後，董事長說：「現在，我們談談正事吧。我知道你這次來的目的。但是我沒有想到我們的相會竟是如此愉快。你可以帶著我的保證回到費城去，我保證你們所有的材料都將如期運到，即使其他的生意都會因此延誤也不在乎。」

傑克先生甚至未開口要求，就得到了他想要的所有的東西。那些器材及時趕到，大廈就在契約期限屆滿的那一天完工了。

用讚美的方式開始，就好像牙醫用麻醉劑一樣，病人仍然要受鑽牙之苦，但麻醉卻能消除苦痛。要想改變一個人而不傷感情，不引起憎恨的話，應該學會從稱讚和讓對方感到滿足著手。

二、巧妙地刺激對方的情緒或感覺

美國鋼鐵公司總經理卡里，有一次請來美國著名的房地產經紀人約瑟夫·戴爾，對他說：「老約瑟夫，我們鋼鐵公司的房子是租別人的，我想還是自己有座房子才行。」此時，從卡里的辦公室窗戶望出去，只見江中船來舶往，碼頭密集，這是多麼繁華熱鬧的景致呀！卡里接著又說：「我想買的房子，也必須能看到這樣的景色，或是能夠眺望港灣的，請你去替我物色一所相同的吧。」

約瑟夫·戴爾費了好幾個星期的時間來琢磨這所相同條件的房子。他又是畫圖，又是算預算，但事實上這些東西竟一點兒也派不上用處。結果，有一次，他僅憑著兩句話和五分鐘的沉默，就賣了一座房子給卡里。

不用說，在許多「相當的」房子中間，第一所便是卡里鋼鐵公司隔鄰的那幢樓房，因為卡里所喜愛眺望的景色，除了這所房子以外，再沒有別的地方能與它更接近了。卡里似乎很想買隔鄰那座更時髦的房子，並且據他說，有些同事也竭力想買那座房子。

當卡里第二次請約瑟夫去商討買房之事時，約瑟夫卻勸他買下鋼鐵公司本來住著的那幢舊樓房，同時還指出，隔鄰那座房子中所能眺望到的景色，不久便要被一所計畫中的新建築所遮蔽了，而這所舊房子還可以保全多年對江面景色的眺望。

卡里立刻對此建議表示反對，並竭力加以辯解，表示他對這所舊房子絕對無意。但約瑟夫・戴爾並不申辯，他只是認真地傾聽著，腦子中飛快地在思考著，究竟卡里的意思是想要怎樣呢？卡里始終堅決地反對買那所舊房子，他對那所房子的木料，建築結構所下的批評，以及他反對的理由，都是些瑣碎的地方。顯然可以看出，這並不是出於卡里的意見，而是出自那些主張買隔鄰那幢新房子的職員的意見。

約瑟夫聽著聽著，心裡也明白了八九分，知道卡里說的並不是真心話，他心裡實在想買的，卻是他嘴上竭力反對的那所舊房子。

由於約瑟夫一言不發地靜靜坐在那裡聽，沒有反駁他，卡里也就停下來不講了。於是，他們倆都沉寂地坐著，向窗外望去，看著卡里非常喜歡的景色。

約瑟夫曾對人講述他運用的策略：

「這時候，我連眼皮都不眨一下，非常沉靜地說：『先生，您初來紐約的時候，你的辦公室在哪裡？』

他沉默了一會兒才說：『什麼意思？就在這所房子裡。』

我等了一會兒，又問：『鋼鐵公司在哪裡成立的？』

他又沉默了一會兒才答道：『也是這裡，就在我們此刻所坐的辦公室裡誕生的。』

他說得很慢，我也不再說什麼。就這樣過了五分鐘，簡直像過了五十分鐘的樣子。我們都默默地坐著，大家眺望著窗外。

終於，他以半帶興奮的腔調對我說：『我的職員們差不多都主張搬出這座房子，然而這是我們的發祥地啊。我們差不多可以說都在這裡誕生的，成長的。這裡實在是我們應該永遠長駐下去的地方呀！』於是，在半小時之內，這件事就完全辦妥了。」

並沒有利用欺騙或華而不實的推銷術，也沒有炫耀許多精美的圖表就這樣完成了他的工作。

原來約瑟夫・戴爾經過集中全部精神考察卡里心中的想法，並根據考察的結果，很巧妙地刺激了卡里的隱衷，使其內心的想法完全透露出來。

三、以對方感興趣的人或事打動對方

一位推銷員奉命到印度去推銷公司經過數次談判都沒有談成的軍火生意。他事先給印度軍界的一位將軍通電話，但隻字不提合約的事，只是說：「我準備到加爾各答去，這次是專程到新德里拜訪閣下，只見一分鐘的面，就滿足了。」那位將軍勉強地答應了。

來到將軍的辦公室，將軍先聲明：「我很忙，請勿多占時間！」冷漠的態度讓人覺得談生意幾乎無望。

然而，推銷員說出的話，卻更讓人感到意外。

「將軍閣下！您好。」他說，「我衷心向您表示謝意，感謝您對敝公司採取如此強硬的態度。」

「……」將軍莫名其妙竟一時語塞。

「因為您使我得到了一個十分幸運的機會，在我過生日的這一天，又回到了自己的出生地。」

「先生，您出生在印度嗎？」冷漠的將軍露出了一絲微笑。

「是的！」推銷員打開了話匣子，「一九二九年的今天，我出生在貴國名城加爾各答。當時，我父親是法國密歐爾公司駐印度的代表。印度人民是好客的，我們一家的生活得到了很好的照顧。」

接著，推銷員又娓娓動聽地談了他對童年生活的美好回憶：在我過三歲生日的時候，鄰居的一位印度老大媽送給我一件可愛的小玩具，我和印度小朋友一起坐在象背上，度過了我一生中最幸福的一天……」

將軍被深深感動了，當即提出邀請說：「您能在印度過生日太好了，今天我想請您共進午餐，表示對您生日的祝賀。」

汽車駛往飯店途中，推銷員打開公事包，取出顏色已經泛黃的合影照片，雙手捧著，恭恭敬敬地展放在將軍面前。「將軍閣下！您看這個人是誰？」

「這不是聖雄甘地嗎？」

「是呀！您再仔細瞧瞧左邊那個小孩，那就是我。四歲時，我和父母一道回國途中，曾經十分榮幸地和聖雄甘地同搭一艘船。這張照片就是那次在船上拍的。我父親一直把它當作最寶貴的禮物珍藏著。這次，我要拜謁聖雄甘地的陵墓。」

「我非常感謝您對聖雄甘地和印度人民的友好感情。」將軍緊緊握住了推銷員的手。

當推銷員告別將軍回到住處時，這宗大買賣已拍板成交。

他成功的祕訣是什麼呢？在不能正面說服的情況下，採用「智取」的策略，激起對方的興趣，間接打動對方。

四、從對方的觀點來看待事情

從別人的觀點來看事情，也可以減緩緊張。澳洲南威爾斯的伊莉莎白‧諾瓦克過了六個星期還沒有付出買汽車的分期付款。在一個星期五，銀行的人打電話來，不客氣地告訴她說：「如果在星期一早晨您還沒有繳出一百二十二塊錢的話，我們公司會採取進一步行動。」

週末伊莉莎白仍然沒有辦法籌到錢，因此在星期一一大早接到他的電話時，她聽到的就沒有什麼好話了。但是，她並沒有發脾氣，她以他的觀點來看這件事情。伊莉莎白真誠地抱歉給他帶來了很多的麻煩，而且說：「由於這並不是我第一次過期未付款，我一定是令您最頭痛的顧客。」

這時銀行的人也舉出好幾個例子，說明有些顧客有時候極為不講理，有的時候滿口謊言，更常有的是躲避他，根本不跟他見面。伊莉莎白一句話不說，讓他吐出心裡的不快。最後根本不需要伊莉莎白請求，銀行說就算她不能立刻付出所欠的款額也沒有關係，如果她在月底先付給他二十元，然後在她方便的時候再把剩下的欠款付給他，一切就沒有問題了。

因此，如果你想改變人們的看法，而不傷害感情或引起憎恨，請遵循這一規則：「試著誠實地從他人的觀點來看事情。」

記住：試著去瞭解別人，從他的觀點來看待事情就能創造生活奇蹟，使你得到友誼，減少摩擦和困難。如果你對自己說：「如果我處在他的情況下，我會有什麼感覺，有什麼反應？」那你就會節省不少時間及苦惱，並大大增加你在做人處世上的技巧。

五、把你的願望變成對方的

尤金・威森為一家專門替服裝設計師和紡織品製造商設計花樣的畫室推銷草圖，一連三年，威森先生每星期都去拜訪紐約一位著名的服裝設計家。

「他從不拒絕接見我，」威森先生說，「但他也從來不買我的東西。他總是很仔細地看看我的草圖，然後說：『不行，威森，我想我們今天談不攏了。』」

經過一百五十次的失敗，威森終於明白自己過於墨守成規；於是他下定決心，每個星期撥出一個晚上去研究做人處世的哲學，以發展新觀念，創造新的熱忱。

不久，他就急於嘗試一項新方法。他隨手抓起六張畫家們未完成的草圖，衝入買主的辦公室。「如果你願意的話，希望你幫我一個小忙，」他說，「這是一些尚未完成的草圖。能否請你告訴我，我們應該如何把它們完成才能對你有所幫助？」

這位買主默默看了那些草圖一會兒，然後說：「把這些圖留在我這裡幾天，然後再回來見我。」

三天以後威森又去了，獲得他的某些建議，取了草圖回到畫室，按照買主的意思把它們修飾完成。結果呢？全部被接受了。

從那時候起，這位買主已訂購了許多其他的圖案，這全是根據他的想法畫成的，而威森也淨賺了一千六百多元的傭金。

「我現在明白，這麼多年來，為什麼我一直無法和這位買主做成買賣，」威森說，「我以前只是催促他買下我認為他應該買的東西。我現在的做法正好完全相反。我鼓勵他把他的想法交給我。他現在覺得這些圖案是他創造的，確實也是如此。我現在用不著去向他推銷。他自動會買。」

六、強調最關鍵的理由

多年以前，拿破崙・希爾曾應邀向俄亥俄監獄的受刑人發表演說。他一站上講臺，立刻看到眼前的聽眾之中有一位是他在十年前就已認識的朋友B先生，是一位成功的商人。

希爾演講完畢後，和B先生見了面，談了一談，發現他因為偽造文書而被判二十年徒刑。聽完他的故事之後，希爾說：「我要在六十天之內，使你離開這裡。」

B先生臉上露出苦笑，回答說：「我很佩服你的精神，但對你的判斷力卻深感懷疑。你可知道，至少已有二十位具有影響力的人士曾經運用他們所知的各種方法，想使我獲得釋放，但一直沒有成功。這是辦不到的事！」

大概就是因為他最後的那句話——「這是辦不到的事」，向希爾提出了挑戰，他決定向B先生證明，這是可以辦得到的。

希爾回到紐約市，請求他的妻子收拾好行李，準備在哥倫布市俄亥俄州立監獄所在地停留一段不確定的時間。

希爾的腦海中有一項「明確的目標」，這項目標就是要把B先生弄出俄亥俄監獄。他從來不曾懷疑能否使B先生獲釋。他和妻子來到哥倫布市，住進一處公寓。

第二天，希爾前去拜訪俄亥俄州長，向他表明了此行的目的。希爾是這樣說的：

「州長先生，我這次是來請求你下令把B先生從俄亥俄州立監獄中釋放出來。我有充分的理由，請求你釋放他。我希望你立刻給他自由，但我準備留在這裡，等待他獲得釋放，不管要等待多久。

在服刑的期間，B先生已經在俄亥俄州立監獄中推出一套函授課程，你當然也知道這件事：他已經影響了俄亥俄監獄中二千五百一十八名囚犯中的一千七百二十八人，他們都參加了這個函授課程。他已經設法請准獲得足夠的教科書及課程資料，而使得這些囚犯能夠跟得上功課。難得的是，他這樣做並未花費州政府的一分錢。

監獄的典獄長及管理員告訴我說，他一直很小心地遵守監獄的規定。當然了，一個能夠影響一千七百多名囚犯努力學習的人，絕對不會是個壞傢伙。我來此請求你釋放B先生，因為我希望你能指派他擔任一所監獄學校的校長，這將可使得美國其餘監獄的十六萬名囚犯獲得向善向學的良好機會。我準備擔負起他出獄後的全部責任。這就是我的要求，但是，在您給我回答之前，我希望您知道，我並不是不明白，如果您將他釋放之後，您的政敵可能會借此機會批評您。事實上，如果您將他釋放，而且，您又決定競選連任的話，這可能會使您失去很多選票。」

俄亥俄州州長維克・杜納海先生緊握住拳頭，寬廣的下巴顯示出堅定的毅力。他說：「如果這就是你對B先生的請求，我將把他釋放，即使這樣做會使我損失五千張選票，也在所不惜……」

這項說服工作就此輕易完成了，而整個過程費時竟然不超過五分鐘。三天以後，州長簽署了赦免特狀，B先生走出監獄的大鐵門，他再度恢復了自由之身。希爾先生之所以能夠成功地說服州長，和他的周密考慮和精心安排是分不開的。希爾事先了解，B先生在獄中的行為良好，對一千七百二十八名囚犯提供了良好的服務。當他創辦了世界上第一所監獄函授學校時，他同時也為自己打造了一把打開監獄大門的鑰匙。

既然如此，那麼，其他請求保釋B先生的那些大人物，為何無法成功地使B先生獲得釋放呢？

他們之所以失敗，主要是因為他們請求州長的理由不充足。他們請求州長赦免B先生時，所用的理由是，他的父母是著名的大人物，或者是說他是大學畢業生，而且也不是什麼壞人。他們未能提供給俄亥俄州長充分的動機，使他能夠覺得自己有充分的理由去簽署赦免特狀。

希爾在見州長之前，先把所有的事實研究了一遍，並在想像中把自己當作是州長本人思想一遍，而且弄清楚了，如果自己真的是州長，什麼樣的說辭才最能打動這位州長的心思。

希爾是以全美國各監獄內的十六萬名男女囚犯的名義，請求釋放B先生的。因為這些囚犯可以享受到B先生所創辦的函授學校的利益。他絕口不提他有聲名顯赫的父母，也不提自己以前和他的友誼，更不提他是值得我們幫助的人。所有這些事情都可被用來作為請求保釋他的最佳理由，但和下面這個更大、更有意義的理由比較起來，就顯得沒有太大的意義。這個更大、更有意義的理由是，他的獲釋將對另外的十六萬名囚犯有莫大的幫助，因為他獲釋之後，將使這些囚犯享受到他所創辦的這個函授學校的好處。因此，希爾成功了。

七、以幫忙的形式提出請求

已故的哈伯博士原是芝加哥大學的校長，也就是他那一時代最好的一位大學校長，他喜愛籌募數額龐大的基金。

一次，哈伯先生需要額外的一百萬美元來興建一座新的建築。他拿了一份芝加哥百萬富翁的名單，研究他可以向什麼人籌募這筆捐款。結果他選了其中兩個人，每一個都是百萬富翁，而且彼此都是仇恨很深的敵人。

其中一位當時是擔任芝加哥市區電車公司的總裁。哈伯博士選了一天的中午時分。因為，在這時候，辦公室的人員，尤其是這位總裁的祕書，可能都已外出用餐了，悠閒地走入他的辦公室。對方對於他的突然出現，大吃一驚。哈伯博士自我介紹說道：「我叫哈伯，是芝加哥大學的校長。請原諒我自己闖了進來，但我發現外面辦公室並沒有人，於是我自己決定，走了進來。

「我曾多次想到你，以及你們的市區電車公司。你已經建立了一套很好的電車系統，而且我知道你從這方面賺了很多錢。但是，每一想到你，我總是要想到，總有一天你就要進入那個不可知的世界。在你走後，你並未在這個世界上留下任何紀念物，因為其他人將接管你的金錢，而金錢一旦易手，很快就會被人忘記它原來的主人是誰。

我常想到提供你一個讓你的姓名永垂不朽的機會。我可以允許你在芝加哥大學興建一所新的大樓，以你的姓名命名。我本來早就想給你這個機會，但是，學校董事會的一名董事先生卻希望把這份榮譽留給X先生（這位正是電車公司老闆的敵人）。不過，我個人在私底下一向欣賞你，而且我現在還是支持你，如果你能允許我這樣做，我將去說服校董事會的反對人士，讓他們也來支持你。今天我並不是來要求你作成任何的決定，只不過是我剛好經過這裡，想順便進來坐一下，和你見見面，談一談。你可以把這件事考慮一下，如果你希望和我再談談這件事，麻煩你有空時撥個電話給我。再見，先生！我很高興能有這個機會和你聊一聊。」

說完這些，他低頭致意，然後退了出去，不給這位電車公司的老闆表示意見的機會。

事實上，這位電車公司老闆根本沒有任何機會說話，都是哈伯先生在說話，這也是他事先如此計畫的。他進入對方的辦公室只是為了埋下種子，他相信，只要時間來到，這個種子就會發芽，成長壯大。

果然，正如他所預想的那樣，他剛回到大學的辦公室，電話鈴就響了，是電車公司老闆打來的電話。他要求和哈伯博士約個時間。

第二天早上，兩人在哈伯博士的辦公室見了面，一個小時後，一張一百萬美元的支票已經交到哈伯博士的手上了。

為了清楚地展示哈伯先生的說服別人的高明之處。我們不妨再來做這樣的假設，他在和那家電車公司老闆見面後，開頭就這樣說：「芝加哥大學急需基金來建造大樓，我特地前來請求你協助。你已經賺了不少錢，你應該對這個使你賺大錢的社會盡一份力量才對（也許，這種說法是正確的）。如果你願意捐一百萬美元給我們，我們將把你的姓名刻在我們所要興建的新大樓上。」真是這樣，結果會如何呢？

顯然，沒有充分的動機足以吸引這位電車公司老闆的興趣。這句話也許說得很對，但他可能不願承認這一事實。

哈伯博士是位傑出的推銷員。當他請人捐款時，他總是先為自己能夠成功獲得這項捐款而鋪路。他先在請求捐款對象的腦海中埋下為什麼應該把錢捐出的一個充足的好理由。通常，這種好處都是屬於商業上的。同時，它也會去吸引這個物件天性中的某些興趣，以促使他希望他的姓名能夠在他死後永垂不朽，而且，通常他總是要事先仔細思索出妥當的計畫，並運用高超的說服技巧來使這個計畫更為完美妥善，再據此來加以進行勸導。

第四回　拒絕

─拒絕不必要的應酬

而生活中有許多整天「瞎忙」的人，恰好就是因為不懂得自己有權「拒絕別人」，不知道該如何說「不」。

英國作家毛姆在小說《啼笑皆非》中講過這麼一段耐人尋味的故事：一位小人物一舉成為名作家了，新朋老友紛紛向他道賀，成名前的門可羅雀跟成名後的門庭若市形成了鮮明的對比。

毛姆為我們描寫了這樣一個場面：

一位早已疏遠的老朋友找上門來，向你道賀，怎麼辦呢？是接待他還是不接待他？按照本意，自己實在無心見他，因為一無共同話題，二來浪費時間；可是人家好心好意來看你，閉門不見似乎說不過去；於是只好見他了。

見面後，對方又非得邀請你改日到他家去吃飯。儘管你內心一百個不樂意，但盛情難卻，你不得不佯裝愉悅地應允了。在飯桌上，儘管你沒有敘舊之情，可是又怕冷場，於是又得強迫自己無話找話。這種窘迫相可想而知……

來而不往非禮也，雖然你不再願意跟這位朋友打交道，但你還是不得不提出要回請朋友一頓。你還得苦心盤算：究竟請這位朋友到哪家飯店合適呢？去高級的飯店吧，你擔心朋友會疑心你是要在他面前擺闊；找個普通點的吧，又擔心朋友會覺得你過於吝嗇……

生活中的確不乏有些人他們不善於拒絕別人會傷害彼此友誼，於是經常違心地答應別人的要求，結果不僅浪費了大量時間，自己也經常覺得不自在。

學會拒絕別人，可以節省大量的時間，避免許多不必要的麻煩。

誠然，與人交往和幫助別人是重要的。尤其是主動的幫忙更會受到歡迎。但是，如果您是被某種心理的壓力所迫，對一切都點頭答應，實際上是在屈服於另一種性質的某些動機。例如需要得到別人接受或讚美，害怕給別人帶來不快和麻煩，希望別人對您感恩，有朝一日得到報答，等等。

懂得珍惜時間，就應該學會說「不」。這裡就有必要提醒大家：當自己不是心甘情願時，別害怕講「不」字。總之，只要考慮到可能給自己帶來某些不方便，就要考慮說「不」，除非因此會給別人帶來更大的麻煩。也許你會說：我何嘗不想拒絕，但該怎樣拒絕呢？以下有幾個建議：

一、立即答覆，不要使對方對你抱有希望

要打消為避免直接拒絕而尋找脫身之計的念頭。請不要說：「我再想想看」，或「我看看到時候行不行」等等。明確地告訴對方：「實在抱歉，這是不行的。」

二、如果您想避免生硬的拒絕，就提出一個反建議

假如朋友打電話問道：「今天晚上去跳舞吧！」

你不想去，就可以說：「哎呀，今天不行，改天我再邀請你吧。」

三、不要以為每次都有必要說明理由

在很多時候，你只要簡單地說一句：「我實在有很重要的事要做。」就可得到絕大多數人的諒解。

只要我們充分認識到過多參與不必要應酬的危害，知道自己在什麼情況下該拒絕別人，並且在拒絕的時候採取正確的方法，我們就能節省大量的時間，而且不至於因此而發生人際關係方面的問題。

2 明智的拒絕態度

一、先表明態度

有的人對於要拒絕或是接受，在態度上常表現得曖昧不明，而造成對方一種期待。雖然想表示拒絕，卻又講不出口。聽別人幾句甜言蜜語，就輕易地承諾下來的舉動，也是自己態度不明確所造成的。

二、想辦法緩和對方對「不」的抗拒感

雖然說「不」或「行」要明白表示，卻也不是叫你毫無顧慮地就表示「要」或「不要」。語氣強硬地說「不行」、「沒辦法」，是會傷害對方的自尊心，甚至遭來對方的怨恨。

對別人的要求要洗耳恭聽，對自己不能答應的事要表示抱歉。體諒對方

拼命工作的苦心……這些都是在你回答「不」之前所應思考的。尤其當要求的對方是上司時，說話更要留餘地。

三、要顧及對方的自尊

人都是有自尊心的，一個人有求於別人時，往往都帶著惴惴不安的心理，如果一開始就說「不行」，勢必會傷害對方的自尊心，使對方不安的心理急劇加速，失去平衡，引起強烈的反感，進而產生不良後果。因此，不宜一開口就說「不行」，應該尊重對方的願望，先說關心、同情的話，然後再講清實際情況，說明無法接受要求的理由。由於先說了那些讓人聽了產生共鳴的話，對方才能相信你所陳述的情況是真實的，相信你的拒絕是出於無奈，因而是可以理解的。

當拒絕別人時，不但要考慮到對方可能產生的反應，還要注意準確恰當地措辭。比如你拒聘某人時，如果悉數羅列他的缺點，會十分傷害他的自尊心。倒可以先稱讚他的優點，然後再指出缺點，說明不得不這樣處置的理由，對方也能更容易接受，甚至感激你。

四、降低對方對你的期望

來求你辦事的人，都是相信你能解決這個問題，抱有很高的期望值。一般來說，對你抱有期望越高，越是難以拒絕。在拒絕要求時，倘若多講自己的長處，或過分誇耀自己，就會在無意中抬高了對方的期望，增大了拒絕的難度。如果適當地講一講自己的短處，就降低了對方的期望，在此基礎上，抓住適當的機會多講別人的長處，就能把對方求助目標自然地轉移過去。這樣不僅可以達到拒絕的目的，而且使被拒絕者因得到一個更好的歸宿，由意外的成功所產生的愉快和欣慰心情，取代了原有的失望與煩惱。

五、讓對方明白自己的處境

一般來說一個人有事求別人幫忙時，總是希望別人能滿足自己的要求，卻往往不考慮給他人帶來的麻煩和風險。如果實事求是地講清利害關係和可能產生的不良後果，把對方也拉進來，共同承擔風險，即讓對方設身處地去判斷，這樣會使提出要求的人望而止步，放棄自己的要求。

例如有個朋友想請長假外出經商，來找某醫生開個肝炎的病歷和報告單。對此作假行為醫院早已多次明令禁止，一經查實要嚴厲處罰。於是該醫生就婉轉地把他的難處講給朋友聽，最後朋友說：「我一時沒想那麼多，經你這麼一說，我也覺得這個辦法不行。」

由於共擔可能出現的風險，對方就能設身處地地去想問題，體諒別人的難處。在人際交往中，只要還有一線希望達到目的，誰也不願意輕易地接受拒絕，究其原因是完美心理在作祟。

在拒絕別人的要求時，當事實擺在眼前，無論怎樣堅持意見的人，也不能不放棄自己的要求。

3 輕鬆地把「不」說出口

一、用沉默表示「不」

當別人問：「你喜歡伍茲嗎？」你心裡並不喜歡，這時，你可以不表態，或者一笑置之，別人即會明白。

一位不大熟識的朋友邀請你參加晚會，送來請帖，你可以不予回覆。它本身說明，你不願參加這樣的活動。

二、用拖延表示「不」

一位女友想和你約會。她在電話裡問你：「今天晚上八點鐘去跳舞，好嗎？」你可以回答：「明天再約吧，到時候我再打電話給妳。」你的同事約你星期天去釣魚，你不想去，可以這樣回答：「其實我是個釣魚迷，可自從結了婚，星期天就被妻子沒收啦！」

三、用推脫表示「不」

一位客人請求你替他換個房間，你可以說：「對不起，這得值班經理決定，他現在不在。」

你和妻子一塊上街，妻子看到一件漂亮的連衣裙，很想買，你可以拍拍衣袋：「糟糕，我忘了帶錢包。」

有人想找你談話，你看看錶：「對不起，我還要參加一個會議，改天好嗎？」

四、用迴避表示「不」

你和朋友去看了一部難看的動作片，走出戲院後，朋友問：「你覺得這部片子怎麼樣？」你可以回答：「我喜歡抒情點的片子。」

五、用反詰表示「不」

你和別人一起談論國家大事。當對方問：「你是否認為物價增長過快？」你可以回答：「那麼你認為增長太慢了嗎？」

你的戀人問：「你討厭我嗎？」你可以回答：「你認為我討厭你嗎？」

外交官們在遇到他們不想回答或不願回答的問題時，總是用一句話來搪塞：「無可奉告」。生活中，當我們暫時無法說「是與不是」時，也可用這句話。還有一引進話可以用作搪塞：「天知道。」「事實會告訴你的。」「這個嘛……很難說。」等等。

4 拒絕別人的實用技巧

一、強調自己的困難

有些求人的人，由於種種原因，不好意思直接開口，喜歡用暗示來投石問路。這時你最好用暗示來拒絕。

兩個打工的老鄉，找到城裡工作的李某，訴說打工之艱難，一再說旅館住不起，租房又沒有合適的。言外之間是要借宿。

李某聽後馬上暗示說：「是啊，城裡比不了鄉下，住房就沒那麼方便了。就拿我來說吧，這麼兩間十坪大的房子，住著三代人。我那上高中的兒子，沒辦法晚上只能睡沙發。你們大老遠地來看我，不該留你們在我家好好地住上幾天嗎？可是真的沒辦法啊！」兩位老鄉聽後，就非常知趣地離開了。

二、借他人之口加以拒絕

小李在電器商場工作。一天，他的一位朋友來店買東西。看遍了店裡陳列的樣品，他都不滿意，要求小李帶他到倉庫裡去看看。小李面對朋友，「不」字出不了口。於是他笑著說：「前幾天經理剛宣佈過，不准任何顧客進倉庫。」儘管小李的朋友心中不大滿意，但畢竟比直接聽到「不行」的回答減少了幾分不快。

三、限定苛刻的條件

有位名作家應邀演講，課排在下午第一堂，又是大熱天，是學生最愛打瞌睡的時候，他一上台，就聲明說：

「在這悶熱的午後，要各位聽我這老頭兒說話，一定會想打瞌睡，我想沒關係，各位可以安心地睡。但是有兩個原則要遵守，一是姿勢要雅，不可趴在桌上；二是不准打呼，以免干擾別人聽講。」

語畢，全堂轟然大笑，瞌睡蟲一掃而空。這種雖然同意，其實是禁止的說話藝術，常能發揮勸止的功效。

四、先肯定後否定

有時對方提出的要求有一定的合理性，但因條件的限制又無法予以滿足。這種情況下，拒絕言辭要盡可能委婉，予以安慰，使其精神上得到一些滿足，以減少因拒絕產生的不快和失望。在語言表達上可採用「先肯定後否定」的形式，要委婉，留有餘地。

一家公司的經理對一家工廠的廠長說：「我們兩家來合併，你看怎麼樣？」

廠長回答：「這個設想很不錯，只是目前條件還沒有成熟。」這樣既拒絕了對方，又給自己留了後路。

五、借用對方的言語

吳佩孚的勢力日漸強大，成為權傾一方的實力人物。

一天，他的一位同鄉前來投靠他，想在他那兒謀個事兒做。吳知道那位同鄉才能平平，但礙於情面，還是給他安排了一個上校副官的閒職。不久那位同鄉便嫌棄官微職小，再次請求想當個縣長，要求派往河南。吳佩孚聽了，便在他的申請書上批了「豫民何辜」四個大字，斷絕了他的念頭。

誰知過了些時間，那人又請求調任旅長，並在申請書上說：「我願率一旅之師，討平兩廣，將來班師凱旋，一定解甲歸田，以種樹自娛。」看到同鄉這樣沒有自知之明，吳佩孚真是又好氣又好笑，於是又提筆批了「先種樹再說」五個大字。

六、以鼓勵的方式拒絕

某人在屋簷下躲雨，看見一個和尚正撐傘走過。某人說：「大師，普度一下眾生吧？帶我一程如何？」

和尚說：「我在雨裡，你在簷下，而簷下無雨，你不需要我度。」

某人立刻跳出簷下，站在雨中：「現在我也在雨中了，該度我了吧？」

和尚說：「我也在雨中，你也在雨中，我不被淋，因為有傘；你被雨淋，

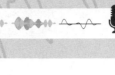

因為無傘。所以不是我度你，而是傘度我，你要被雨度，不必找我，請自找傘！」說完便走了。

上述例子雖然都拒絕了對方的請求，因為本意在激發對方戰勝困難的勇氣，是在「度」人，不屬於見死不救，雖然有些強詞奪理，還是容易為對方所接受。

七、幽默輕鬆，委婉含蓄

美國總統‧羅斯福在就任總統之前，曾在海軍部擔任要職。有一次，他的一位好朋友向他打聽海軍在加勒比海一個小島上建立潛艇基地的計畫。

羅斯福神祕地向四周看了看，壓低聲音問道：「你能保密嗎？」

「當然能」。

「那麼」，羅斯福微笑地看著他，「我也能」。

羅斯福採用的是委婉含蓄的拒絕，其語言具有輕鬆幽默的情趣，表現了羅斯福的高超藝術，在朋友面前既堅持了不能洩露的原則立場，又沒有使朋友陷入難堪，取得了極好的語言交際效果。因此在羅斯福死後多年，這位朋友還能愉快地談及這段總統軼事。

委婉拒絕是希望對方知難而退。例如，有人想讓莊子去當官，莊子並未直接拒絕，而是打了一個比方，說：「你看到太廟裡被當作供品的牛馬嗎？當牠尚未被宰殺時，披著華麗的布料，吃著最好的飼料，的確風光，但一到了太廟，被宰殺成為牲品，再想自由自在地生活著，可能嗎？」

莊子雖沒有正面回答，但一個很貼切的比喻已經回答了，讓他去做官是不可能的，這種方法就是委婉的拒絕法。

八、敷衍式的拒絕

敷衍式的拒絕是最常見最常用的一種拒絕方法，敷衍是在不便明言回絕的情況下，含糊迴避請託人。敷衍是一種藝術，運用好了會取得良好的效果。如：有一次莊子向監河侯借貸，監河侯敷衍他，說道：「好！再過一段時間，等我去收租，收齊了，就借你三百兩金子。」監河侯的敷衍很有意思，不說不借，也不說馬上借，而是說過一段時間收租後再借。這話有幾層意思：一是我目前沒有，現在不能借給你；二是我也不是富人；三是過一段時間不是確指，到時借不借再說。莊子聽後已經很明白了，但他不會怨恨什麼，因為監河侯並沒有說不借給，只是過一段時間再說而已，還是有希望的。

九、避實就虛法

當別人要求你公開某些情況，而你不想或不能作出一些明確的回答時，可以採取避實就虛的手法，避免作實質性回答。

一九四五年美國在日本扔下兩顆原子彈後，美國新聞界一個突出話題是猜蘇聯有多少原子彈。當蘇聯外長莫洛托夫率代表團訪問美國時，在下塌的旅館門前被一群美國記者所包圍。

有記者問莫洛托夫：「蘇聯有多少原子彈？」

莫洛托夫繃著臉說：「足夠！」

這樣的回答避其話鋒，保守祕密，同時又顯示蘇聯人民的自尊和力量。

攻心為上
說話高手
訓練班

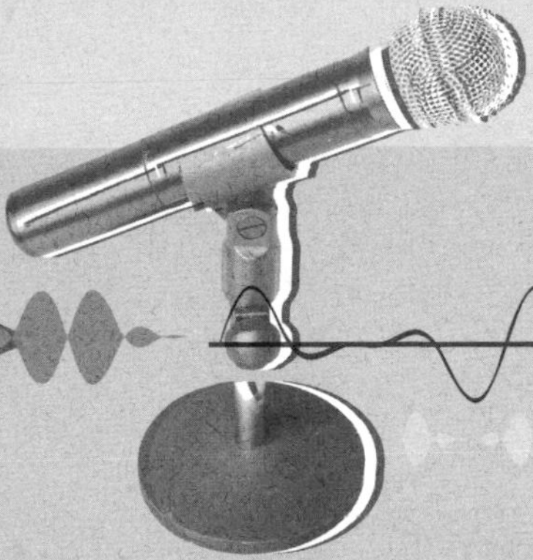

第二卷

修練溝通

第一回　這樣溝通最有效

－精心遣詞，注意聲調

一、簡單、明確是溝通的重要工具

比如上司要你報告前幾天的工作情況，你能像下面這樣回答嗎？

職員：「前幾天我重病在床。」

上司：「什麼，你沒去那家公司？」

職員：「後來，我託小王去辦。」

上司：「他做得如何？」

職員：「他因為有事外出。」

上司：「還是沒辦？」

職員：「不，我強撐病體，去那家公司，見到經理。」

上司：「快說呀，怎麼辦？」

職員：「他不願接受我們的條件。」

上司：「啊！」

職員：「但是……」

上司：「滾出去。」

是的，如果你在緊張情況下一再拐彎抹角，吊人胃口，只會落個滾出去的下場。

提高語言表達能力，學會簡捷是必過的一關。簡潔是最經濟的語言手段，可以輸出最大訊息。在公關交際中，簡潔精煉的語言常常能比繁雜冗長的話題更吸引人。它表現出說話人分析問題的快捷和深刻，是其認識能力和思維能力高超表現；它能使聽者在較短的時間內獲得較多的有用資訊，有助於博得對方的好感；它是說話人果敢、決斷的性格表現。自信心強、辦事果敢的人，其語言是簡潔的。這一語言風格也是時代風貌的反映，現代化社會節奏快、時間觀念強，說話簡潔會給人一種生氣勃勃現代人的感覺，尤其為人推崇。所以我們要努力培養自己的簡潔精煉的言語風格。

你的頭腦裡要庫存一定量的材料，並且臨場交際要善於選用恰當達意、言簡意賅的詞語來表達思想，不要讓一條簡短的資訊淹沒在毫無意義的修飾成分、限制成分和無謂的強化成分之中。而說話時要抓住重點。要使語言中心突出、切中要害，不要東拉西扯、言不及義。同時也要理清思路。說話前，對於自己要表達的思想先要非常清楚，要安排好結構，條理連貫，層次分明，同時注意平定情緒，保持情緒穩定，這是一個重要條件。

二、注意用字的魔力

用對了字眼不僅能打動人心，同時更能帶出行動，而行動的結果便展現出另一種人生。

當我們所說的話用對了字眼就能叫人笑、治療人的心病、帶給人希望，然而若是用錯了字眼就會使人哭、刺傷人的心、帶給人失望。同樣地，借著所用的「字眼」可以讓別人瞭解我們崇高的心志和由衷的願望。

歷史上許多偉大人物就是因為善於運用字眼的力量，大大地激勵了當時的人們，決心跟隨著這些偉大的人物，結果塑造出今天的世界。的確，用對了字眼不僅能打動人心，同時更能帶出行動，而行動的結果便展現出另一種人生。

當派翠克．亨利站在十三州代表之前慷慨激昂地說道：「我不知道其他的人要怎麼做，但就我而言，不自由毋寧死。」這句話激發了幾代美國人的決心，誓要推翻長久以來騎在他們頭上的苛政，美利堅合眾國於此誕生。

美國一位偉人演講道：「當我們今天得以享受到充分的自由時，不要忘了獨立宣言，雖然那沒有幾句話，卻是二百多年來所給予我們每個人的保障。同樣地，當我們這些年致力於種族平等時，不要忘了那也是因為某些字眼的組合而激發出來的行動所致，請問誰能忘記美國金恩博士打動人心的那一次演講。他說道：「我有一個夢，期望有一天這個國家能真的站起來，信守它立國的原則和精神……」

當然，話語的影響力並不只限於美國，第二次世界大戰期間，英國正處於風雨飄搖之際，有一個人的話激起了英國全民抵抗納粹的決心，結果他們以無比的勇氣挺過了最艱苦的時刻，打破了希特勒部隊所向無敵的神話，那個人就是已故英國政治家邱吉爾。

在此我們再舉一個著名的例子，那是發生於一家全國性的卡車服務公司，只不過改了一個字眼就大大地提升了他們的工作品質。那家公司的管理階層發現他們所送的貨物中有萬分之六會送錯地方，這使得公司每年得額外賠上二十五萬美元的損失，為此公司特別聘請了戴明博士去給他們診療一番。根據戴明博士的觀察，發現這些送錯的案子中有五成六是因為該公司的司機看錯送貨契約所致。為了能一勞永逸地消除這樣的錯誤，讓該公司能做好服務品質，戴明博士建議最好把這些工人或司機的頭銜改為業務員。

一開始公司覺得戴明博士的建議有些奇怪，難道把職位頭銜改一改就能把問題解決？難道就做這麼一個簡單的動作便可以了？可是沒有多久績效就出現了，當那些司機的頭銜改為技術員之後不到三十天，先前萬分之六的送錯率一下子便下降到了萬分之一以下，也就是說從此那家公司一年可以節省二十五萬美元。

這個例子說明了一個基本的事實，字眼的轉換不管是用在個人身上或企業整體上都有相同的效果。

三、注意聲調、表情

對外的溝通，是使你的理想被接受，或獲得你所想要的東西的一種力量，為的是要影響他人，接受你的見解。理想要被別人接受才能實現，否則很難達成。美國有一句名言：「你想改變世界，得先改變自己。」這不是要去討好人家，而是要能接受改變，才有辦法適應，進而改變世界。

在對外溝通上，大家可能認為沒有問題。事實上，溝通並不簡單，像許多的勞資糾紛、政府政策無法推行……都是溝通不良所造成的。

其實很多人講話，內容不是很重要，根據行為學家所做的實驗統計指出，內容的重要性只占十五%，聲調、表情占三十%，身體語言占了五十五%。

形象生動的語言把無形變成有形，把概括變成具體，把枯燥變成生動，大大吸引了聽眾的注意力。形象化的語言讓聽眾的視覺、聽覺、嗅覺、味覺都一起參加接收活動，大大增強了語言的感染力。此外，它也是構成其他語言風格的基本手段。

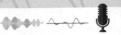

2 把你的想法表達出來

一、講話的快慢、聲音要適中

在交談過程中，首先要留意自己，說話是不是太快了？如果說話快而致字音不清，就會使人聽了等於沒聽。即使快而清楚，也不足效仿。說話的目的在於使人全部明瞭，別人聽不清，聽不懂，就是浪費時間。故我們要訓練自己，講話的聲音要清楚，快慢要合度。說一句，人家就可聽懂一句，不必再問。要清楚，陌生人或地位比你低的人是不敢一再請你重說的。

其次，說話的聲音不要太響。在火車裡，在飛機上，或者是在有嚴重雜訊干擾的地方，提高聲音說話是不得已的。但是平時就不必要也不能太大聲，在公共場所或在會客室裡，過高的聲音會使對方感到不舒服。

說話雖不能太快也不能太響，但在談話中，每句話聲調也該有高有低，有快有慢。說話有節奏，快慢合適，這可使你的談話充滿情感。你可留心那些使人聽而忘倦的人的說話方法，留心舞臺上主角念詞的方法。

二、要揣摩如何用詞，說話越簡練越好

有些人在敘述一件事情時，拼命說許多話，還是無法把他的意見表達出來，結果對方費了很多時間與精力，卻抓不到他話中的意思。所以，話未說出時，應先在腦裡打好一個輪廓，擬幾個要點。

溝通，是人與人之間特有的聯繫方式，而企業與外部環境的溝通，是人與人之間關係的一種放大。管理溝通既是一門技術，又是一門藝術，它有特定的規律和技巧。學習和掌握這些技巧，不僅會使人工作心情舒暢，而且會使人人緣極好，生活美滿。對公司來說，有效的內外溝通是確立良好的社會形象、獲取成功的祕訣之一。第一個反應一定要對對方做正面肯定的回答，就算你完全不同意對方的觀點，至少感謝他願意花時間和你一談。

3 選擇好問話的方式

生活中的問話有三種機能：釋疑、啟發及打破談話的僵局。問話要講究技巧。高明的問話不但使你能達到目的，而且被問的一方也不會感到過分難堪。下面是幾種常見的問話形式和方法。

一、直接型提問

提問，需要考慮環境及時機。提問者要根據不同的環境和時間用不同的提問方式，有時需要委婉，有時需要直接。直接型提問則屬後者。當我們需要對方毫不含糊地做出明確答覆時，直接型提問是一種較理想的方式。一般說來，生活中常見於父母對孩子的責問，上司對下屬工作的詢問。如果交談者雙方關係比較密切而所提問題又不會引起不愉快的後果時，也可以採用這種方式。

直接型提問直來直去，速戰速決，節省時間。但一定要注意場合和時機，否則就會事與願違。

二、誘導型提問

直截了當地提問，是要求直接求得答案。但也有一種情況，答者出於知識水平或因與個人利益有利害關係，不急於直答。這時你可以採用誘導型的提問方式。這種發問不是為自己答疑而問，而是為了緊緊吸引對方思考自己的論題，誘導對方接受自己的觀點，故意向對方提問。它具有扣人心弦，誘敵深入，以柔制剛，扼喉撫背的效果。

這一問法還可以運用在推銷上。一位心理學家調查時發現，一些人在喝熱豆漿時有放雞蛋的習慣。因此，服務員發問時，不要問「要不要加雞蛋」，而應當問「要一個還是要兩個」。這樣問，多做一個雞蛋的生意絕對是有可能的。

三、啟示型提問

這種提問方式重在啟示。要想告訴對方一個道理，但又不能直說，透過提問引起對方思考，直至明白某個道理。

老師在批評學生的時候，在指出對方的錯誤行為之後，常常接著問：「你覺得這樣做對嗎？」就是一種啟示型提問，此外還可以可以採用聲東擊西，欲擒故縱，先虛後實，借古喻今等提問方法。

四、選擇型提問

提問不同於質問，其目的不是難倒對方。在日常生活中，許多問話不只是徵求對方的意見，統一對某個問題的看法。這種情形向對方問話時，我們可以用選擇型。選擇型提問容易造成一個友好的談話氛圍。被提問者可以根據本人的意願，自由地選擇答案。比如：炎熱的夏天，你家來了客人，你想給他弄點東西解渴，但又不知道他喜歡什麼，你可以這樣問他：「你是要茶還是咖啡，或是西瓜？」這樣，客人選擇他自己喜歡的東西，增添了友好的氣氛。

五、攻擊型提問

發問要考慮對象，尤其是被提問者與自己的利害關係。如果對方是自己的不友好者或是競爭對手，這時候提問的目的是為了直接擊敗對手，你不妨可以採用攻擊型提問的方式。

雷根與卡特在競選美國總統時有一段精彩論辯。當時，雷根向卡特挑戰性地提出了這樣的問題：「每一個公民在投票前都應該好好想一想這樣幾個問題：你的生活是不是比四年前改善了？美國在國際上是不是比四年前更受尊重了？」

雷根的提問猶如一磅磅重發炮彈，極富攻擊性，在美國選民中激起了巨大波濤。結果在論辯之後，民意測驗表明：支持雷根的人顯著上升。攻擊型問話的直接目的是擊敗對手，故而要求這種問話具有幹練、明瞭、利己和擊中要害等特點。

六、迂迴曲折地提問

義大利知名女記者法拉奇以其對採訪對象挑戰性的提問和尖銳、潑辣的言辭而著稱於新聞界，有人將她這種風格獨特、富有進攻性的採訪方式稱為「海盜式」的採訪。迂迴曲折的提問方式，是她取勝的法寶之一。

在採訪南越總理阮文紹時，她想獲取他對外界評論他「是南越最腐敗的人」的意見。若直接提問，阮文紹肯定會矢口否認。法拉奇將這個問題分解為兩個有內在聯繫的小問題，曲折地達到了採訪目的。她先問：「您出身十分貧窮，對嗎？」

阮文紹聽後，動情地描述小時候他家庭的艱難處境。得到關於上面問題的肯定回答後，法拉奇接著問：「今天，您富裕至極，在瑞士、倫敦、巴黎和澳大利亞有銀行存款和住房，對嗎？」

阮文紹雖然否認了，但為了洗清這一「傳言」，他不得不詳細地道出他的「少許家產」。阮文紹是如人所言那般富裕、腐敗，還是如他所言並不奢華，已昭然若揭，讀者自然也會從他所羅列的財產「清單」中得出自己的判斷。

她在採訪鄧小平時，提出一個問題：「天安門上保留下來的毛主席像，是否要永遠保留下去？」看起來平常、微不足道，但實際上包含著豐富深刻的含義，目的在於想知道鄧小平對毛澤東思想的評價、認識及其今後在中國的地位。

阿里・布托是巴基斯坦總統，西方評論界認為他專橫、殘暴。法拉奇在採訪中，不是直接問他：「總統先生，據說您是個法西斯分子」，而是將這個問題轉化為：「總統先生，據說您是有關墨索里尼、希特勒和拿破崙的書籍的忠實讀者。」從實質上來說，這個問題跟「您是個法西斯分子」所包含的意思是一樣的，轉化了角度和說法的提問，往往會使採訪對象放鬆警惕，說出心中真實的想法。它看起來無足輕重，但卻尖銳、深刻。

七、以「如果」提問

首先我們要養成習慣，用「如果」引導的問句問對方能夠得到更好的結果的話，就要避免簡單用「是的」來回答對方的提問。比如，你給顧客介紹一種產品。顧客問：「能做成綠色嗎？」你知道能，但是你不說「能」，你反而問：「你喜歡做成綠色的？」顧客通常會回答說：「是的。」而後你再問：「如果我給你找一件綠色的，你會訂購嗎？」

「如果」引導的問句把問題又還給了對方。

用「如果」這樣的句型能產生所希望的結果，我們應養成習慣多用，而不要總以「是的」來簡單回答了事。我們可以用做遊戲的方式來練習，直到成為自然而然的反應。

八、「足夠」提問

問句中用「足夠」這個詞非常有效，可以得到對方的同意。例如：

「你覺得下星期一開始就夠快了吧？」

回答「夠」意味著我們下星期一開始。

回答「不夠」意味著我們要開始，而且要在下星期一前開始。

「你覺得十台電腦夠了嗎？」

回答說「夠了」意味著十台電腦能滿足我們的需要了。

回答說「不夠」意味著還要增加！

這僅僅是最簡單的方法，只需稍稍練習就能掌握。

九、對次要方面提問

我們如果對一個想法中的次要內容徵求他人同意的話，那麼也就得到包括對主要內容的同意。例如：「有了新電腦系統後我們應該配備第二台印表機了吧？」同意配備第二台印表機的人，一定在原則上已同意購買新電腦了。

4 靈活處理不同意見和見解

處理不同意見和見解異議有以下四種基本方式：

一、不處理

我知道這種建議聽起來好像很奇怪，但是我覺得有時候某些異議可以置之不理。比如，你在介紹計畫時有人會說「聽起來實施這個計畫會很複雜」。對此，你的反應可以僅僅是一個會意的微笑，然後繼續講下去，不再理會。

在促銷會上，有人可能會說「聽起來會很花錢的」，對此你可以說「對」，然後繼續解釋你的計畫，介紹從中得到的好處如何會大大地超出所需的投資。

我們在採取不理會的方法時應非常謹慎。這些異議如果對提問人來說真是問題的話，那麼他會始終記著的，等你講完後他還會提出來，這期間你說的什麼他幾乎都聽不進去。

二、一段時間後再處理

我們可以這樣說：

「巴里，提得好，一會兒我會講到這個問題。」或者「我準備在講投資部分時談談這個問題。我把它留到那時講，好嗎？」

另外，還必須注意巴里的身體語言和表情，確信他暫時已不會再糾纏這個問題，而且明白你會在後面講解的。絕不能讓他有這樣的感覺，認為你說後面再講僅僅是希望大家會忘記這個問題。

三、立刻處理

通常情況下最好的方法是立刻就處理異議，當然這樣做會打斷你的發言或思路。你可以說：

「這是一個很好的問題，很高興你能把它提出來。現在我們一起看看是怎麼回事。」

「約翰，你說這個計畫可能難以落實，能否再詳細說說你的觀點，讓我能完全明白你的意思？」

你從這個問題的答覆中能更好地理解約翰是怎麼看待這個問題的。等他答覆後你可以說：

「要是我理解得對的話……」針對他提出的異議，你重新措詞解釋來肯定你的計畫。

四、提出之前就處理

對付潛在問題，這是最有力的方法，能起到良好的作用。第一，這表明你為會議做了很好的準備，對提出的計畫，你一定考慮了他人會怎麼說。第二，你能把解答問題與你的發言內容有機地融合在一起，根據自己的時間表妥善處理各種異議。第三，你用自己的語言解釋問題，而不用被動地等待他人的提問。第四，你顯然是一點兒也不擔心會有異議，否則，你是不會自己提出來的。

你會這樣說：

「現在有些人會說這個計畫可能難以落實，他們說的也許有點道理，但是……」接著解釋計劃將會如何容易地被落實完成。

「有些人會認為太貴了，但是我已經核查了所有必需的支出，平均下來每月只需一千八百英鎊。而這項投資每月能產生六千七百英鎊的收益。這是一項不錯的投資，你們不會不同意吧？」問題在提出前就解決了，這是最有效的方法。

5
改善溝通技巧

愛咪有個朋友不斷向她借東西，但從不歸還。愛咪鼓不起勇氣向她追討。她的解釋是：「如果我去質問她，就會傷害她的感情，而她又是我很要好的朋友。」

瑪麗在公司裡有個能言善辯的同事，三番五次地說服瑪麗替他做一部分工作。瑪麗一向把自己視作願意為別人幫忙的好好女士，可是她也知道自己的好心，只是使那個同事有時間去交際應酬。瑪麗的解釋是：「老是找不到適當時機和場合來提起這個問題。」

安德莉亞對她的兩個孩子所要求的任何事情，不論是購買新玩具，遲遲不上床睡覺，或是不做作業而看電視，差不多全都答應。安德莉亞的解釋是：「他們只是孩子，滿足其要求會使他們快樂。」

像愛咪、瑪麗和安德莉亞這樣的人，往往為了想讓別人讚美而犧牲了他們的自尊。他們簡直就不知道怎樣拒絕別人。而正因為這樣，他們吃虧不少。

在理想中，人際關係都應該以彼此間的真誠尊重、暢順溝通和關懷體諒為基礎。可惜的是，實際情形並非如此。有些人常常對別人步步進逼，不斷地提出請求、需索和進行試探，直到遇到對方抗拒為止。而許多人，儘管自己有足夠的權利和理由，卻不肯抗拒這些試探，事後卻找出種種理由來解釋他們何以永遠被欺侮。

如果你認為你也像愛咪、瑪麗或安德莉亞一樣，那麼，你就必須學會利用一些方法來表明你的感受和希望，保護你人格的完整和獲得別人的尊重。

一、改變不適當的溝通方式

例如：「近來你天天遲到，不過，我知道你不是一個早起的人，要那麼早就開始工作是很難的。」如果你給了對方一個藉口，他便會認為你可以容忍他的所作所為，從此他就會繼續遲到。同時他還認為你是個軟弱無能、不願貫徹意旨的人。

二、提出合理要求時不要表示歉意

例如：媽媽厲聲叫兒子打掃他的房間，但三個鐘頭後卻對兒子說：「孩子，我剛才不應該粗聲對你說話。你知道嗎？我不是生氣。因為，我知道你一定會自動清理你的房間的。」做完一件事之後表示的歉意，通常是心有內疚或憂慮的結果。用這樣的方式來取消一個堅強的聲明，會使你喪失自尊。

三、不要過分寬限你分派的任務

例如：「我真的要在星期五看到那份報告，不過我可以等到下星期。假如事情順利的話，也許再遲一點也無妨。」去掉那些「假如」和「不過」之類的字眼吧。一項清楚說明你希望那份報告什麼時候完成的直截了當的聲明，既能防止誤解，又可以使報告更有可能及時交卷。

四、不要把你的責任推給別人

例如：「老闆說你應該……」或是「你爸爸說你必須……」之類的說法，雖然可使說話的人不負責任，但卻使他變成了一個毫無實權的傳話者。假如你一開始就說「我要你做……」，人們就會把你看作是一個堅強的人。

6 在說話時儘量避免被人誤解

一、找出被誤解的原因

社會是由形形色色的人所聚集成的，每個人的立場不同，工作性質也不一樣。在這眾人聚集的工作場所裡，總會發生一些意想不到的誤解，甚至是摸不著頭緒的糾紛。當遭人誤解時，工作進行就會顯得困難重重，不但是自己的損失，還會影響到團體的利益。所以，必須具備一套化解誤會的說話術。這裡首先談談造成誤解的幾種原因。

▼言詞不足——有的人不管是在表達資訊，或者說明某些事情時，常常在言詞上有所缺失，結果弄得只有自己明白，別人一點也搞不清真相。這種人就是缺乏「讓對方明白」的意識，以致容易招來對方的誤解。

▼過分小心——有的人不管什麼事，都顧慮過多，從不發表意見。因此，個人的存在感相當薄弱，變成容易受人誤會的物件。

這樣的人總寄望對方不必聽太多說明就能明白，缺乏積極表達自己意見的魄力。對於這種類型的人而言，含蓄並不是美德，這一點要深自反省。

▼自以為是——另一種人是頭腦聰明，任何事都能辦得妥當，但是卻經常自以為是，我行我素。即使著手一件新工作，也從不和別人照會一聲，只管自作主張地做。這麼一來，即使自己把工作圓滿完成，上司及周遭的人也不會表示歡迎。

▼外觀的印象不好——人對視覺上的感受印象最深刻。雖然大家都明白「不可以貌取人」，但是，實際上雙眼所見的形象，往往成為評判個人的標準，這個印象可能是造成誤解的原因。如果讓周遭的人有了不好的印象，且造成誤解，若不早點解決，恐怕不好收拾。

▼欠缺體貼——縱然只是一句玩笑話，但若造成對方的不快，恐怕也會

導致意想不到的誤解。甚至是一句安慰、犒勞的話，如果對方接受的方式不同，也可能變成誤解。因此，在說話之前，一定要先考慮對方的狀況以及接受的態度。

二、坦然面對遭人誤解和懷疑的情況

人與人之間之所以會產生懷疑，原因是多方面的。有的由於一時的誤解，缺乏溝通與解釋，進而形成了對某件事情的疑點；有的由於性格脾氣的差異，缺乏相互間的包容與補充，逐漸引發了對對方的不信任情緒；有的由於嫉妒心的纏繞，由此而產生了對朋友的疏遠甚至惡意；有的由於心胸狹小，為人疑神疑鬼，處事患得患失，對人產生懷疑那是很自然的事；有的由於心理變態，而又缺乏及時的診斷與治療，因此，對反感的人和事，均投以疑慮的目光；有的由於自命清高，唯我獨尊，缺乏自知之明，對周圍的人和事總覺得不可思議。如此等等，都可以產生上述現象。誠然，懷疑也有其另一面，並非都是貶意。

如果說人與人之間在社會生活中容易產生懷疑是一件不可完全避免的事情，那麼，您面對客觀存在著的這一現象，既不應當迴避它、懼怕它，也不應當視而不見，聽而不聞。正確的態度是要承認它、認識它，科學地對待它。

三、說話時儘量避免被別人誤解

在日常交往中，經常有自己說的話被別人誤解的時候。那麼怎樣才能使自己的話不被別人誤解呢？

▼不要隨意省略主語——從現代語法看，在一些特殊的語境中，是可以省略主語的。但這必須是在交談雙方都明白的基礎上，否則隨意省略主語，容易造成誤解。

一個星期天的上午，在一家商店，一個男青年正在急急忙忙挑帽子，售貨員拿了一頂給他。他試了試說：「大，大。」

售貨員一連給他換了四、五種型號的帽子，他都嚷著：「大，大。」

售貨員仔細一看，生氣了：「分明是小，你為什麼還說大？」

這青年結結巴巴地說：「頭，頭，我說的是頭大。」

售貨員狠狠地瞪了他一眼，旁邊的顧客「撲嗤」一聲笑了。造成這種狼狽結局的原因就是這位年輕人省略了「頭」。

▼要注意同音詞的使用——同音詞就是語音相同而意義不同的詞。在口語表達中脫離了字形，所以同音詞用得不當，就很容易產生誤解。如「期終考試」就容易誤解為「期中考試」，所以在這時不如把「期終」改為「期末」，就不會造成誤解。

▼說話時要注意適當的停頓——書面語借助標點把句子斷開，以便使內容更加具體、準確。在口語中我們常常借助的是停頓，有效地運用停頓可以使你的話明白、動聽，減少誤解。有些人說起話來像開機關槍，特別是在激動的時候就不注意停頓了。

有一次下班途中，一位青年遇到一群剛看完電視球賽的學生，就問：「這場比賽誰贏了？」

有一個學生說：「美國隊打敗日本隊獲得冠軍。」這位青年迷惑了：到底是美國隊打敗了日本隊，還是日本隊獲得了冠軍呢？他又問了另一位學生，才知道是美國隊勝了。所以，我們在與人交談時，一定要注意語句的停頓，使人明白、輕鬆地聽你談話。

四、積極辯護

被上司批評或指責，雖然應該誠懇而虛心地聽取，但並非說你要忍氣吞聲，不管他說得對不對都要接受，必要時應勇於辯護，並且要作積極的辯護。

晉文公的時候，廚官讓人獻上烤肉，肉上卻纏著頭髮。文公叫來廚官，大聲責罵他說：「你存心想讓我噎死嗎？為什麼用頭髮纏著烤肉？」

廚官磕著響頭，拜了兩拜，裝著認罪，說：「小臣有死罪三條：我找來細磨刀石磨刀，刀磨得像寶刀那樣鋒利，切肉肉就斷了，可是黏在肉上的頭髮卻沒切斷，這是小臣的一條罪狀；拿木棍穿肉塊卻沒有發現頭髮，這是小臣的第二條罪狀；捧著熾熱爐子，炭火燒得通紅，烤肉烘熟了，可是頭髮竟沒燒焦，這是小臣的第三條罪狀。君王的廳堂莫非有懷恨小臣的侍臣麼？」

文公說：「你講的有道理。」就叫來廳堂外的侍臣責問，果然有人想誣陷廚官，文公就將此人殺了。

有些人面臨麻煩的事常用辯護來逃避責任，這就走到另一個極端了。這種推禦責任的辯護，偶一為之，無傷大雅，尚可原諒。倘一犯再犯，肯定會失去別人對你的信任。有時候，做錯了事的責任並不在下屬，大部分是由於上司的緣故，這時理應大膽辯解。不辯解，只會使上司對你的印象更加惡化，而絲毫不會考慮到也有自己的責任。所以，工作中，同事之間，尤其是下屬與上司之間，由於地位不同，而發生意見相左的情況時，不要害怕會被認為是頂撞，應積極地說明理由，沉默不語只能使問題更加複雜而難以化解。

辯解的困難點在於雙方都意氣用事，頭腦失去了冷靜。所以過於緊張和自責，反而會使場面更僵。因此遇到這類棘手的對立狀態時，更應該積極辯明，明確責任。

7 尊重他人，消除溝通障礙

一、不要把別人當「機器人」

心理學教授坎貝爾說：「我始終不明白，為什麼要有機器人這個說法。我認為應該把機器人稱為機器鬼，這樣就不至於把機器和人攪和在一起。反正機器人這個說法令人覺得彆扭。」

不要以為他人是機器人，可以由你想怎樣操縱就怎樣操縱。只有學會尊重他人，意識到對方也擁有充分的潛能，能夠從他人的角度理解問題，才會有真正意義上的溝通。永遠沒有完美的技巧，但經由技巧卻可能有完美的結果。這也是果實優於枝條的道理。

溝通是彼此的事，一個巴掌拍不響。當你運用技巧時，別人也會運用技巧。當然，溝通是有目標的，你可以使自己的願望處於優勢，並且盡可能達到這個對自己有利的結果。但這多少有些一廂情願，因為別人也運用技巧，彼此力量的消長有一個合適的中點，那是雙方可以接受的結果。溝通能達到這個目的，雙方都應該滿意，雖然這個結果跟你渴望的結果有些差別，但也應該坦然接受。

二、儘量多採用含蓄的暗示方法

既然他人不是機器人，他人理所當然應該受到你的尊重。而尊重他人的妙招應該算是暗示吧？暗示就是為了保全他人自尊時採取一種比較含蓄的不直接指責、指使他人的方法。也就是間接地讓人做出你希望他人做的事。

暗示可以成為他人行動的動力，他們在接受暗示時，已經感到了受尊重，就會主動幫你達到你渴望的結果。暗示可以讓人心甘情願地和你溝通。

三、運用漂亮的語法

世上每一種語言都有其特殊的美，其中都有很漂亮的語法。溝通也是一種語言交流，漂亮語法的運用就很合適。當然，漂亮語法絕不是指濫用形容詞之類膚淺玩意兒。它的的確確是一種語法，它將各種詞語巧妙地運用，不僅僅限於形容詞。

「然後……」「這時……」等等語法可以給人流暢感，他人就容易順應你的思路，承啟轉合之間，溝通已經趨向圓融。使用「因為……」「所以……」等等語法，則給人很講邏輯，很講道理的感覺，他人就會心服，誰願意跟一塌糊塗不講理的傢伙打交道呢？語法是有玄機的，成功地運用玄機的語法都是漂亮的語法。在漂亮語法當中，先尊重對方的態度，然後，說出自己的要求，只要語法得當，就算前後矛盾，對方也不會覺得受到傷害，可以接受你的觀點和建議，並願意合作。

四、移動他人的觀點

在溝通時，接納對方的觀點，然後再削弱他人的觀點，是一個尊重他人的好辦法。生活中，人的觀點多種多樣，紛繁複雜地圍繞在你周圍。這些觀點有容易理解的，也有摸不著頭腦令人難以把握的。觀點是容易衝突的，人都不願放棄自己的觀點，所以，溝通時不要破壞對方的觀點，只能悄無聲息地移動他人的觀點，讓它靠攏自己的人生觀。記住，移動，不是改變。

移動他人的人生觀，可以採用遊戲性質的做法，讓別人感覺不到嚴肅的壓力，因為人生觀可是個嚴肅的大問題。而在遊戲中，人生觀稍有移動和變化，他人是不會覺察的。

五、運用動作進行暗示

我們的人體是有語言的，我們的動作往往可以暴露我們的心情。同樣地，他人的動作也會洩密。所以，溝通中的人對他人的動作是很敏感的，你正可以利用它。

如果與人交談時，你做側頭深思的動作，你的身體語言就告訴對方，這個問題你有疑問，這比直接予以打斷他人的語流更有效，不至於立刻和對方抵觸。他人一定會問：「有什麼不懂嗎？」這樣由他人自己中斷語言流程，可以有效地保證他人自尊心不受傷害。

如果想中斷談話，急於離開去做別的，你可以不停地偷看手錶。手錶有時候可能就是心理時間的外殼。他人會問：「有事嗎？你可以先走。」你就可以很有禮貌地全身而退。

身體語言的運用，很講究空間。在寬敞的房間裡交談，彼此可以做到公平。但要達到親密關係的程度，還是狹窄房間為好。談話時中間不隔著桌子更容易融洽。距離上的靠近也會造成精神的靠近。

身體語言也可以保全自己的尊嚴。遲到時氣喘喘地表現著急趕來的樣子，他人容易原諒。

六、喬裝弱者

世上總有很多人喜歡表現自己的力量和能耐的，在他們眼中，他人總不如自己。這種人很可能令你討厭，但你可以利用他們。他們喜歡表現就給他們表現的機會嘛。

最簡單的辦法就是，在他們面前故意表現得笨手笨腳，他們會哼著鼻孔走過來說：「真是差勁，讓我來！」於是，他們就自己動手做起來。這個方法兒童們都會用，何況成人。

最聰明的辦法是詢問，表現得很虛心的樣子去求教，他人怎麼會不理睬，說不定一邊做一邊教你怎樣做呢。

第二回　這樣演講最有效

－從平時下功夫，練就超群的口才

若想成為能言善道的人，沒有捷徑可走。你應把成為能言善道者這件事當作自己的目標，把此目標放在心中，而且為了實現這個目標，還應把全副精神集中於讀書、練習寫作上。

首先，你不妨這麼告訴自己：我想成為在社會上佔有一席之地的人，因此，我必須有好口才。為此，你就必須要借日常會話來訓練口才，並用心學習正確且有風度、毫不做作的說話方式。此外，多讀一些雄辯家所寫的書，不論是古典或現代的，並且告訴自己：我就是為了訓練口才才讀這些書的。

為了使你練就超群的談吐本領，具體可參考如下建議。

一、從書中獲取值得借鑑的知識

為了這種目的而讀書時，最好多注意文體及文字的使用方法。同時邊看邊想，琢磨該怎麼做才會表現得更好，如果自己也寫同樣的題材，有什麼地方會不如它？

即使寫的是同樣的事情，由於作者不同，其表現方式將有多少的差異。或者，由於表現方式不同，即使是同一件事，所給予讀者的印象又將有多少差異，諸如此類的問題，最好在閱讀時就注意到。無論多麼精彩的內容，要是言辭的使用方法很奇怪，或文章本身缺乏風格，抑或文體和主題並不相稱，將使讀者覺得掃興，希望你能仔細觀察。

二、培養自己獨特的風格

無論多麼輕鬆的對話，或寫給多麼親密的人的信，都應該擁有自己的風格，這點很重要。儘管說話前的準備工作十分重要，但是，如果在無法預做準備的情況下，至少應在說完話之後，再想想看是否有更好的表達方式。做到這一點，也能使你的口才有所進步！

三、正確地使用語言，清晰地發音

你應該注意過深深吸引我們的演員，是怎麼樣說話的吧？只要仔細觀察便不難發現，所謂的好演員，都很重視清晰的發音與正確的措詞。語言的目的，在於傳達概念。儘管如此，採用無法傳達概念的說法，引不起別人的興趣的說話方式，是最愚蠢不過的事。

你可以請朋友或同學幫忙。每天大聲地朗誦書本，並請他注意聽。只要換氣的方式、強調的方法、朗讀速度等一有不適當之處，就請別人叫停，並且為你糾正。朗誦時嘴巴要張大，一個字一個字清楚地發音。要是速度太快，或有不認識的字，就馬上停止。

即使單獨練習時，也要用自己的耳朵仔細聽，剛開始時要慢慢地念，用心地把你那說話速度太快的壞習慣改過來。因為，你的發音聽起來好像喉嚨

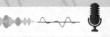

被卡住，說得太快時，別人很難聽懂。要是遇到較難發音的音時，就算練習一百遍，也要念到能夠發出完美的發音為止。

四、想想聽眾究竟想要什麼

戴爾・卡內基指出：「若想控制別人，最重要的是不要高估對方。而利用演說來取悅聽眾時，也不可對聽眾評價過高。我剛擔任上議院議員時，一直覺得議會裡儘是值得尊敬的人，進而有種壓迫感。然而，那種感覺，在我瞭解議會的實情後，就馬上消失了。

我知道，在五百位議員之中，具有判斷力的，最多只有三十人，其他的幾乎都和普通人沒什麼兩樣。因此，真心想聽字字有力、內容豐富演說的議員，只有那三十位而已。其他的議員們，根本不問內容，只要聽到順耳的演說，就滿足了。自從瞭解到這點以後，演說時的緊張感就逐漸消失了，最後，我已經能夠完全無視於聽眾的存在，只把注意力集中於說話的內容與技巧上了。這並非是我在自誇，我開始發現自己具備了話鋒隨著內容改變的能力。」

無論如何，只要掌握住如何取悅對方——聽眾、顧客的訣竅，剩下的就只是一些機械性的工作了。

2 培養幹練的演講風格

許多行政總裁和多數高級主管經常拿著別人撰好的講稿，幾乎不做任何準備，就在起身發言時讀起來。但是，照本宣科會嚴重損傷演講人的信譽，所以要培養幹練的演講：

一、分析你的演講

先自問以下幾個主要問題：我的聽眾是誰？要講多長時間？演講的目的是什麼？最後一個問題可能是最重要的，因為它促使你找出你演講的本意。借助這些資訊，你所講的話便能針對聽眾的需要並有助你達到目的。

具體說來，分析演講要達到以下目的：刪除不必要或不適當的資訊，縮短準備時間；確保使用聽眾能聽懂的辭彙；有助你預測聽眾提出的問題或反對意見；觀眾不同但演講主題相同時，可將內容迅速加以調適。

二、精選主題

人們通常試圖傳達太多資訊，希望能在聽眾心中留下點什麼。只是這如山的資訊令聽眾招架無力，不知所措。

所以，要收到最好的效果，你應該幫助他們理解你所表達的內容，只給他們易於分析和好記的信息。應找一個重點突出、直接明瞭的主題。

三、確定主線句

演講中的主線句可以時時提醒你如何取捨和展開你的演講資訊。主線句包含如下三個因素：

第一，目的：想要聽眾瞭解什麼、感受什麼或做什麼？對此的回答就是你的目的。

第二，主題：演講是為了提供資訊或說服聽眾。你的演講意圖確定下來後，就能更好地尋找演講的內容。

第三，分類：一般而言，演講要表現的主題將決定你的分類。資訊的分類包括步驟、方法、種類或益處。先決定你的分類，再確定演講的要點，有助你在展開整個演講時不偏離主題。

四、確定要點

先將你要表述的內容分列在三大標題之下。這種做法不無裨益，有助你保證聽眾聽得輕鬆並明白你傳遞的訊息。

使用視圖工具使要點清晰、輕重有序並增添變化。但不要只是簡單地讀一下螢幕或圖表上的文字。要增強你的感染力，使你的演講更加自然流暢，一定要讓視圖工具為你的演講增姿增色。

五、設想你的講演圖

「講演者的設想圖」是你充滿自信、自然流暢發揮的關鍵。它是你演講的藍本，讓你把演講的所有環節都在一張紙上設想出來。你甚至可以借此標明使用視圖工具的時機。

跟著你的設想圖走，對你和聽眾都會顯得輕鬆自然。關鍵的詞句會啟開你的記憶，使你不偏離主題。即使被打斷，掃一眼設想圖便能回到正題。

將你的思想放入一個精心組織的設想圖中，就不用照著稿子讀，在演講中你自然就能娓娓道來。隨心所欲的演講將帶來更多的目光交流、更貼切自然的手勢，使聽眾的注意力更加集中。

演講要做準備，這是常識，但身體力行的人並不常見。經理人常常忙於應付繁忙的日程，因此在他們看來，為演講做準備就顯得浪費時間。事實未必如此，按照上述五步驟進行，有利於做好準備工作，可以確保你培養出行雲流水般的演講風格。

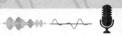

3 克服怯場心理

怯場指的是在人前，尤其是人多的場合，因緊張害怕而不敢說話，或者說話時顯得拘謹、不自然。

怯場是一種心理障礙：要麼感到自己被說話場合的氣氛、形勢所壓迫；要麼顧慮自己說得不好或說錯；要麼擔心自己不是他人的對手，因而畏首畏尾，誠惶誠恐。

其實，這種心理障礙是可以避免的。有的人在家人面前可以滔滔不絕，可一與外人交談，他就難以啟齒；有的人平時在三兩個人的場合可以口若懸河，可人一多，尤其是上臺，就心慌意亂，語無倫次。這說明他不是不能說，而是有心理障礙。只要破除這種障礙，怯場也就會消失。

消除怯場心理障礙可參考以下方法：

一、平時加強訓練

如朗誦、自言自語、多跟親近熟悉的人交談、多聽別人交談等。

二、每次發言前作必要的準備。

這在單向交流時容易做到，就是雙向交流，跟誰談，涉及什麼內容，也可作大體的言辭預測。只要在大方向上有所準備，到時也不致不敢說或說不下去。

三、抱定豁出去的心態

任何人都不是天生的敢在公眾場合自如說話，都有一個艱難的「第一次」。美國的羅斯福總統說過：「每一個新手，常常都有一種心慌病。心慌並不是膽小，而是一種過度的精神刺激。」古羅馬著名演講家希斯洛第一次演講就臉色發白、四肢顫抖；美國的雄辯家查理士初次登臺時兩個膝蓋抖得不停地相碰；印度前總理甘地首次演講不敢看聽眾，臉孔朝天。只要抱定豁出去的心態，管他三七二十一，就會自在了。

四、「忘記」聽眾

就是自己在發言前，心中有聽眾，但在發言時，眼中不能有聽眾，只顧按自己的意圖去表達。一位教師第一次登臺講課效果就不錯，有人向他請教經驗：他說：「備課時我心中一直想著學生，可一上講臺，我眼中所見，只有桌椅而已。這樣，我就放鬆自如了。」

4 避免和控制冷場

冷場分為兩種情況：一種是單向交流，聽的人毫無興趣，注意力分散；另一種是雙向交流中，聽者毫無反應，或者僅以「嗯」、「噢」之類應付。

不管是哪種情況出現的冷場，根本原因都在於聽者不願聽你所說的話。聽者僅僅出於紀律的約束或處世的禮貌而扮演一個「接受」的角色。因此冷場完全應由說話人負責。

冷場的出現，是發言者的失敗，因為它無法達到彼此溝通交流的目的。發言者既要發言，必須實施控制，避免冷場的發生。避免和控制的辦法是：

一、發言簡短

單向交流中那種應景式講話，越短越好。如某商場舉行開業儀式，邀請了市內各方面的人士參加。總經理只說了兩句話：「女士們，先生們：熱忱歡迎各位光臨！現在我宣佈：XX商場正式開業！」

雙向交流中，任何一方都不要滔滔不絕地包場，要有意識地給對方留下發言的時間和機會。自己一輪講不完，應待對方有所反應後再講，不要一輪就講得很長。

二、變換話題

單向交流的話題變換是暫時的，所變換的話題是為了吸引聽者的注意力，提高他們的興趣。目的達到後，仍要回到原有話題的軌道。比如教師在講課過程中發現學生精力分散，東張西望、打瞌睡、竊竊私語、在桌上亂畫，可以暫停講授，穿插幾句應景、時髦、詼諧的話；或者簡短地講個與教學多少相關的故事、趣聞，學生的精力便會一下集中起來。之後，再繼續教學。

雙向交流的話題變換是不定的，根據現場情況隨時進行。比如你與別人談今日淩晨看的一場世界盃足球賽電視直播，可別人並不喜歡足球，也沒有在半夜裡爬起來觀看，對你所議顯得毫無興趣，出現冷場。這時，你就應及時將話題扯到其他方面去。

三、中止交談

任何人在交談時都不希望聽者不願接受。但若這種情況出現後，自己又採取了諸如簡短發言、變換話題、加強語氣等控制手段，仍然不能扭轉冷場的局面，那就應中止交談。沒有人接受的交談是無意義的，既白白耗費自己的精力，又無端浪費別人的時間。比如你跟他談足球他無興趣後，變換話題他仍無興趣，就不可再談下去。這叫做「話不投機半句多」。要麼各自走開，另尋開心，要麼各自靜止，閉目養神。

應付提問、評論和挑剔的聽眾時：

一、如何精明地回答難題

這能變得很簡單。首先，仔細聽清提問。其次，重複或解釋一遍問題以免聽眾沒聽清。走開並將目光移開提問者，這樣他就不會成為注意的中心。

然後，作為演講者，你可以：回答這個問題或將問題拋還給提問者，或問問聽眾中有誰能回答。

如果提問者還堅持要談論或提問，你可以巧妙而鎮定地說：「現在讓我們給其他人提問的機會。」或「我得在規定的時間內做完演講，所以我得將發言繼續下去。我希望以後能有機會討論更多的問題。」就這樣簡單。

二、如何順利地應付反對意見

有的人在一群人面前發言時，表現出歡迎批評的勇氣。這種情況看起來非常有趣，它照例會招來聽眾的評論，不論是贊成還是反對。聽到贊同的意見，發言者會情緒大漲，洋洋得意，自信「我已將他們吸引在我周圍」。但有時，某個聽眾偏偏會提出反對，挑三揀四，打亂演講者的全盤計畫。

比如，在某學校，一個著名的政治評論家進行了一場演講。她引用了許多觀察資料，並對國際政治事件做了精闢的分析。當演講結束時，她讓聽眾提問。一個坐在前排的人舉了手，演講者叫了他。他站了起來，直視著演講者的眼睛，大聲地說：「那又怎樣！」

演講者目瞪口呆。她問那提問者：「什麼，什麼怎樣？」

提問者瞪著她，答道：「妳做了許多推想，堆砌了不少事實，但那又怎樣？妳的觀點可能會對現實世界帶來任何影響嗎？」

提問者的話就像往演講者的心上插了一刀，並在她奄奄一息時慢慢轉動刀子。幸運的是，演講者也不必擔心。有法子應付幾乎任何批評。演講者可以承認對方的觀點，或解釋一番自己的觀點之後再繼續。如果問問「別人還有什麼看法」，還可能會鼓動聽眾參與討論。

但是，最明智的做法是巧妙地給一個含糊不清的回答，然後繼續下去。你可能知道，巧妙而含糊的回答是一種有用的應答技巧，用這種方法，說話者可以給對方一種印象，他會以為自己完全正確且深受贊同。一個好例子就是，這樣回答聽眾的批評：「那確實是一個要點」或「你的確很有想法」。

一旦聽到這種回答，提出批評的人便會認為自己的批評得到了理解或認同。實際上，回答者自然不一定理解或贊同。畢竟，任何評論都是「要點」或表達了「某種想法」。演講者沒必要自尋煩惱，說那是個荒謬的觀點或糟糕的想法。他只需承認提問者提出了一個「要點」或表達了某種「想法」就夠了。同時，透過這樣一個巧妙而含糊的回答，演講者能控制住聽眾並得到提問者的尊敬。

三、老練地應付挑剔的聽眾的祕訣

一個難纏的聽眾可能是你的競爭者或對手，他只想證明自己比你更強；也可能只是個缺乏禮貌和教養的傢伙，或者是個魯莽的傢伙，他確實不同意講話者的觀點，只是不知道如何提出才禮貌些。無論那些存心搗蛋者有何種理由和目的，發言者都能夠得體圓滑地應付那些挑剔的人。

首先，發言者必須一直保持頭腦清醒，鎮定自若。要做到這樣，就得行為舉止若無其事，千萬別畏懼而且要善解人意。如果你當時坐著，就站起來，以造成一種有權威的感覺。

在造出鎮定、文雅和自制的聲勢之後，就按你在其他情況下應該做的那樣來處理反對意見。或者你可以來個開放式提問，鼓勵聽眾參與討論。

例如：「你們之中還有誰有什麼想法嗎？」

必須注意的是：只有當大多數聽眾看起來站在你邊時才能鼓勵他們參與討論，否則，會適得其反。

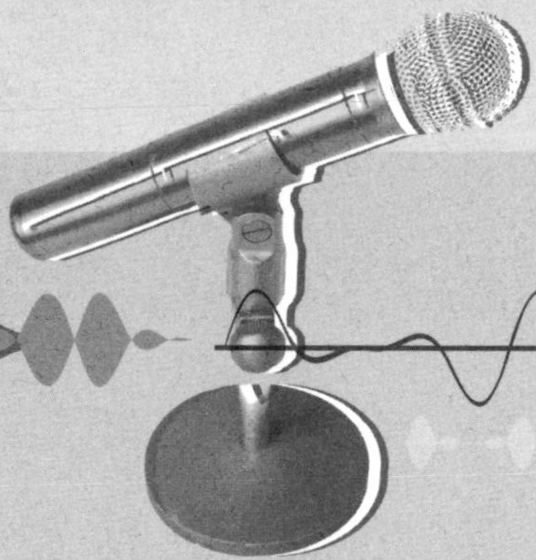

第三卷 祕笈

這樣説話最能吸引人

一把握住說話的時機

一個人說話的內容不論如何精采，但如果時機掌握不好，就無法達到說話的目的。因為聽者的內心，往往隨著時間變化而變化。要對方願意聽你的話，或者接受你的觀點，都應當選擇適當的時機。這有如一個參賽的棒球運動員，雖有良好的技藝、強健的體魄，但是他沒有把握住擊球的「決定性的瞬間」，或早或遲，棒就揮空了。所以，時機對你非常寶貴。但何時才是這「決定性的瞬間」，怎樣才能判定並咬住，並沒有一定的規則，主要是看對話時的具體情況，憑你的經驗和感覺而定。

電冰箱老化了，冷卻效果很差。丈夫幾次提出要買一個新的，都因妻子不同意而沒有買成。

中午，妻子對丈夫說：「今天好熱，你拿冰箱裡的冰棒給我。」

丈夫打開冰箱說：「冰棒都融化了。」

「這個破冰箱！」妻子罵道。

「還是再買一個新的吧。」

「買一個吧。」妻子欣然同意了。

到了商店，看中了一個冰箱，一問價格，要一萬多元。

「太貴了，還是不要買吧。」妻子說。

「端午節快到了，天氣這麼熱，準備的肉和魚往哪放？」丈夫說。

售貨員這時插入一句：「這個冰箱雖然貴點，但耗電少，容量大，從長遠看還是划算的。」

「好吧，就買這個。」妻子終於同意了。

這位丈夫捉住了說話的時機，終於達到了目的。

在反映情況和說服人的時候，要特別注意把時機選在對方心情比較平和的時候。因為一些人由於勞累、遇到不順心或正在把注意力集中在其他事情上時，是沒有心情來聽你說話的。

你一定聽過夫婦之間這樣的抱怨：

妻子說：「他回到家來，自己喝茶，坐下來埋頭玩手機。要是我問他個什麼，他就含糊地答一句。要是我想和他聊聊，他的心好像還沒回家，也許還放在辦公室。我整天陪著孩子，真渴望能有點精神調劑，可是他卻不理我。」

而丈夫也一肚子怨氣：「我還沒來得及關上門，她就馬上在我耳朵旁嘮叨起來：什麼菜的價錢又貴了，孩子把杯子摔破了，隔壁老太太又說了她幾句。煩死了……」

為了尊重對方，考慮對方何時談話才有較大興趣是必須的。

2 吹牛術

「我真是蠢得要命，」克拉克的妻子參加完宴會一回到家就嘆氣說，「人人都在談書、電影和政治，我坐在那兒像個傻瓜。他們講的書和電影我都沒看過，而政治我更一竅不通。」

在客客氣氣的社交談話中，坦率是致命傷。別誤解，這不是在鼓勵說謊。這裡講的是一種高深藝術，一種和鬥牛相似的藝術。餐桌談話的高手能夠像鬥牛勇士一樣，揮灑自如地應付、閃避災難。

有這樣一個善於閃躲質問的人，他的厚顏與本領令瞭解他的人想大喊一聲「太妙了」。例如，如果有人問他：「你可曾讀過『唐吉訶德』？」他會回答：「最近不曾。」其實他根本沒讀過，然而誰會煞風景去破壞融洽的談話？

另有一次，有人問他可曾讀過但丁「神曲」中的地獄篇，他回答：「英文本沒讀過。」旁人不禁肅然起敬。他這句百分之百的真話會讓人產生三種誤解：他讀過這詩篇，他精通十四世紀的義大利文；他是文學純粹主義者，不屑讀翻譯本。真高明。

如果你想在社交談話中做個偉大門牛士，必須牢記幾個訣竅。

一、尋找安全話題

預備幾個夠有趣的題目，侃侃而談，但言辭須含糊，只有專家才知道你在瞎扯。不防考慮以下幾項：

量子物理學——就曖昧模糊而言，這題目是數一數二的，連愛因斯坦都會緊張吃力。這個話題最重要的部分叫做「不確定性原理」。有位物理學家最愛以這世界的本質為題講些令人費解的話，然後看到周圍的人個個滿臉愕然、面面相覷，便忍不住偷笑；你大可以學他。

死海古卷——幾十年來，只有少數聖經學者能接觸到這些古代經文並加以研究。他們不讓別人看，也許是因為他們還沒琢磨出古卷中文字的真正意思。

不大出名的歷史人物——你選的歷史人物不必有什麼精彩的祕聞韻事。如果你不想再聽某人喋喋不休地談論當今的國家領導人，這題目就很適合了。你可以說：「某某怎麼樣？」

那人會頓時茫然，問道：「他怎麼樣？」

「你剛才說的全部可以應用到某某身上，」你回答，「你看看他的遭遇。政客就是這樣的。」

誰能反駁？

二、用涵義廣泛的形容詞

所用的形容詞最好能適用於幾乎任何方面。

如果有人要你對你毫無所知的某本書、某齣舞臺劇、某部電影或某首音樂發表意見，你應該說：「我喜歡他早期的作品。作風比較單純。」或者說：「我喜歡他後來的作品。那比較成熟。」無論對方是否同意，都不能說你錯。

三、講述一些趣聞逸事

你不必發表長篇大論也可以令人覺得你學問淵博。在節骨眼上講出一樁人所罕知的事，會使人深信你滿腹經綸。例如，你記住某某名作家的妻子是哪個富豪家族哪一房的正室或偏房的表親，然後在跟人家討論文學、商界動態、名人花絮或緋聞的時候，裝作漫不經心地提起。

四、發表別人無從駁斥的見解

閒談中，難免會有人問你：「你認為如何？」

你不想把真正的想法說出來，原因是你剛才沒有注意聽。其實你一直在想的是赴宴途中你汽車發出的怪聲，或者某部電影裡某演員叫什麼名字。不過，有三種答案適用於任何話題，而且不會引起異議：「那完全要看情況而定。」「不能一概而論。」「在某些地方，情況會受環境因素影響。」

3 適時結束談話

一席圓滿成功的談話，總是進行到恰到好處時結束。太早，令人掃興；太晚，使人厭倦。面對面講話的過程中，如果達到了講話的目的，那麼就該及時結束談話了。當然，講話的目標直接影響我們跟對方講話的時間或方式。如果你只想向對方陳述某一件事，不需要對方採取什麼行動，那麼你向對方講清了事情的原委後，就可以結束談話；如果你期望說服對方改變某種看法或行為，期望對方承認你的勸說「明智」，那麼，講話就要直到對方承認了問題為止；有時，對方需要時間來思考你的話，那麼你在結束談話時，就需要根據情況作出不同的結束語。結束講話時，總結一下對方和你本人的看法，強調一下共同的觀點和看法，是很有必要的。這樣做時一定要注意保持客觀，以對方能接受的方式總結。換言之，以盡可能有利的方式描述對方的看法。如：

「感謝你聽我講的幾個問題。」

「花費了你不少時間。」

「你的話對我有不少啟發，感謝你……。」最後結束談話時，你還可以向對方提出一些積極的希望。如：

「我知道你會盡可能使事情成功的。」

有些情況下，例如對方需要時間思考你的話，需要過一段時間再與你談這件事，你則需要講一些「話」，使有關這個問題的談話以後能繼續進行。如：「如果你願意，我們可以再約個時間進一步討論這個問題。」

談話的結束，不是只道一聲「再見」就完事了，臨別前要給人留下良好的印象，要得體而不失禮，有時還要給下一次交談留下伏筆。

如果遇到爭論不休無法一致的情況時，我們可以轉移話題。如，「我們找機會再談。」與他人交談時，隨便中斷對方的談話是不禮貌的，但對於冗長的談話，則可以依據自己和對方的關係，談話的內容、時間、周圍環境等等來判斷是否應該讓對方繼續談論下去。

若不得不中斷對方談話，也要考慮在哪一個段落中斷為好，同時也應照顧到對方，避免給對方留下不愉快的印象可以直接以「好了，到此為止」這句話中斷對方的談話，但是，這句話僅限於用於對方的態度很強硬時。

以「現在沒有時間了」、「我還有其他的工作」等等理由來中斷對方的談話。或一見面時即向對方表明態度，「請你長話短說吧，我沒有多少時間。」甚至也可以向對方表明自己「有急事」而中斷對方的談話。

4 如何提高說話水平

知識是人們在社會實踐中所獲得的認識和經驗的總和，是說話者能夠很好地以言辭實現人際溝通交流的源泉。有的人之所以很有說話水平，究其根本原因，就在於豐厚的知識積累。胸有成竹，欲發則出；積之愈深，言之愈佳。對交談者來說，知識是多方面的。對不同的人，有不同的知識要求；不同的人，對知識的把握程度也不盡相同。但作為交談者，應當掌握最基本的人際交往知識。

在日常生活中，諸如稱呼、訪友、求職、待客、赴宴、送禮、贈物、寒暄、探病、致歉、打招呼、打電話、問候、介紹別人、自我介紹、拒絕、祝賀、弔喪等等，所有這些，都各有自己的一套成文或不成文的規矩。這些規矩，一般都是自然形成或約定俗成，勿需去特別地學習、鑽研；只要不脫離社會生活，耳濡目染，即可把握。若想提高說話水平，就必須積極投入社會生活，根據不同的需要，選擇恰當的適應社會生活需要的處世言辭。只要掌握文明、禮貌、得體、合適的原則即可。

人們要想豐富自己的語言修養，實現與人溝通交流的目的，必須具備社會生活中方方面面的常識、經驗、教訓、風土、人情、習俗、掌故等等。一個即是有淵博的專業知識，如果不諳世事，也會被看成「書呆子」，說話、辦事的時候容易鬧笑話、受挫折，成為被別人輕視和嘲諷的對象。

比如你從甲地到乙地，對甲地的世事知識，你可能具備，而對乙地的，你可能就不具備了。但你卻不能沒有言辭的表達。怎麼辦呢？這就得學、得問。孔子有言：「敏而好學，不恥下問。」我國歷來也有「入鄉隨俗」之說，到哪個地方，就要瞭解哪個地方的世事。這樣才能產生良好的交際效果。照搬甲地的世事或不顧乙地的世事，都會自討苦吃。

清洋務大臣李鴻章一次出訪美國，在一家飯店宴請美方人士。開席前，他講了一番客套話：「這裡條件差，沒有什麼可口的東西招待各位，粗茶淡飯，謹表寸心。」不料飯店老闆卻火冒三丈，認為李鴻章詆毀了飯店的聲譽，非要其公開賠禮道歉不可。

李鴻章的客套話，在國內是很普遍的，但美國卻沒有這樣的習俗，老闆冒火也在情理之中。

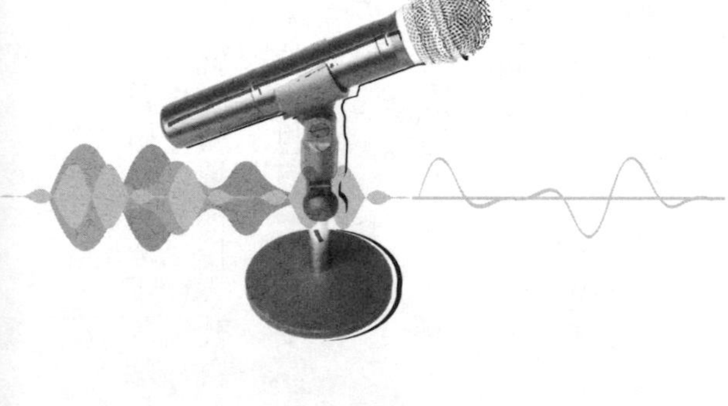

5 提升魅力的六大要領

一、身體語言

在與人交往中你必須意識到，你的一舉一動都在說話。假如你善於運用你的身體語言，他人將樂於接納你，並與你合作。外表、情緒、言辭、語調、眼神、姿態，抓住他人興趣的能力，這些都是在與人交往時你能運用的東西，其他人正由此形成對你的印象。

二、表裡如一

不少人教你說與人溝通說話時：你應該昂首闊步走進去，先聲奪人地向周圍人展示你的風采。他們教導你要用「虎鉗般有力的握手」來給人一個下馬威，還暗授機密似的說你必須用催眠術一般咄咄逼人的目光緊緊盯住他人。假如你真的照此行事，你會讓每個人都發瘋的，他們也一定這樣認為。

真正的社交祕訣應該是：你應該始終如一地顯示你最好的一面。最有影響力的人不因場合變化而改變他們的個性。不論是親切的私人交談，還是向公眾發表演說，抑或參加求職面試，他們都是一以貫之，毫無矯揉造作之態，處處顯露出他們真實的面目。他們的音調與姿態也總能與口中的表白和諧一致，一切都顯得那麼親切自然。

然而，某些面向公眾演說的人，卻向聽眾發出令人迷惑的資訊。比如，當一個人說：「女士們、先生們，我很高興有機會……」時，眼睛卻總盯著聽眾的鞋子，其實這表示他一點都不高興，這樣的演講怎麼會有感染力和鼓動力？

三、善用眼神

無論是一個人還是一百人，你都必須記住，和他們說話時一定要看著他們。有些人起初說話還看著聽眾，可沒說三句就轉移視線，眼瞧窗外，令人覺得彆扭。

當你走進一個有人的房間，你的目光應該隨意自在，直接瞧著房子裡的人，並向所有的人示以微笑，這表示你輕鬆自若，易於接近、交往。

微笑是重要的，但那種假笑卻如不看著人說話一樣，令人不快。最佳的笑應該是自然的，輕鬆的，使人有如沐春風之感。

四、先聽後說

當你出席一次會議、一場晚會或與人談話時，你不要迫不及待地亮出自己的觀點，等一分鐘，感受一下現場的氛圍，瞭解人們當時的情緒，是激昂、愉快、觀望，還是消沉？他們渴望瞭解你嗎？對你的到來是否不悅？倘若你能感受到這一切，你便能更好地去接近他們，不會做出不合時宜的舉動。

五、集中精力

集中精力和充滿熱情會給人留下深刻的印象。集中精力與人交往能夠表明你的真誠。當你全神貫注地對人們講話時，表明你相信自己所說的話。一個運用自己全部力量來與人交往的人宛如一個巨大的磁場，會將他人牢牢吸引住。人們可以不同意你的觀點，卻無法懷疑你的信念和真誠。

另一個重要原則是言辭必須確定。我們常常看到一些人開始時慷慨激昂，隨後就音調漸低，含糊其辭。要知道，沒有人願意相信一個飄忽不定的人。你的聲音可以是柔和的、謹慎的，但不能模棱兩可。

六、放鬆

你一定見過不少人在與人交往時過於看重自己，他們要麼悶悶不樂，要麼滔滔不絕地顯露自我。要知道，總是以自我為中心的人是放鬆不起來的。仔細檢點一下你的表現：你是否經常說「我」？你是否一直在喋喋不休地抱怨？當他人正在闡述一個新想法時，你是否試圖打斷並插話？假如你對這些問題中的哪怕一個說「是」，那你就必須放鬆。否則在你的家人、朋友和同事面前，你可能就是一個令人討厭的人。

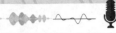

6 克服說話時的小毛病

一、去除雜音

人說話時所常犯的語病是語言的雜音。有些人談話風度很好，只是在他語言之間，有許多無意義的雜音。例如鼻子總是一哼一哼的；或是喉嚨裡好像老不通暢，輕輕地嗽著；或是在每句開頭常用一個拖長的「唉」聲，好像每一句都要猶疑一陣才講出；或是說完一句，總加一個「嗯」，好像每句都怕人沒聽清楚的樣子。諸如此類，都是要加以消除的。這些雜音使你本來很好的語言，好似玻璃蒙上了一層灰塵，大大減少了原有的光彩。

二、少說不必要的套話

有人喜歡在談話中，用許多不相干、不必要的套話。例如什麼地方都加上一句「自然啦」或「當然啦」這類的詞句；有人喜歡加上太多的「坦白地說」、「你聽清楚了嗎」；有人喜歡老說「你說是不是」、「你覺得怎麼樣」；也有人習慣性地在每一句話的語尾加上一句「我給你講」等等。

像這一類的小毛病，可能你自己平時一點不覺得，要問一問你的朋友們，請他們替你注意一下，有則改之。

三、豐富辭彙

有個特別愛用某一個詞來表達許多意思。不管這個詞本身有沒有那麼多的含義。有人喜歡用「那個」來代表一切的形容詞：「今天那個了！」「他這人很那個，是不是？」「我覺得這個事未免有點那個。」

這一類的毛病，大概由於太偷懶，不肯去動腦筋找一個恰當的詞。要多記一些詞語，才能生動而恰當地表達你的思想。比如，在「好」這個概念下，有「精彩」、「優美」、「出色」，以及許多其他的表現方法，不要簡單地說：「你是個好人」、「這不是很好」、「這文章寫得太好了」等等。

四、適當地引用諺語

諺語本來是很富於表現力的，不過不要每兩三句話裡就有一個諺語。用了太多的現成說法，會使人聽了覺得油滑，而且使人眼花繚亂。偶然地，在適當的地方，用一兩句諺語，就顯得很生動很有力量。

五、少用誇張的詞語

誇張的詞有種引人注意的效果，不過，如果用得太多太濫，或是用得不恰當，反而使人不相信。你不可能每次說的都是非常重要的消息；也不可能每次都講最動人的故事或是最可笑的笑話；你所看的書，不可能每一本都是最精采的；你所認識的朋友，不可能個個都是最可愛的。不要到處都用「最」、「極」、「非常」、「無限」等詞，如果在你這無數的「最」中，有一個真正的「最」，你怎樣表示呢？

難道你要這樣說：「這件事對我來說是最最重要的。」如果你真這樣說，別人聽了也無動於衷，因為他們會認為你是一向喜歡誇大的人。

7 改變令人討厭的習慣

一、克服言談失禮的習慣

每個人都有自己的言談習慣，尊重他人的言談習慣同時也能獲得他人對你的尊重。如果你發現別人都不太喜歡與你正經交談，而你想改變這種狀況時，可以做多種努力，檢查一下自己在言談習慣中有否失禮行為也是方法之一。你可以透過熟悉你的同學或朋友來瞭解自己是否在言談中有下列失禮的情況：

▼經常性急地打斷別人的說話。

▼常常一口否定對方的觀點，比如說：「絕對不可能像你說的……」，「你說的根本不對……」。

▼常有「別瞎說」、「胡說八道」、「你真蠢……」等不禮貌的口頭語。
▼喜歡模仿別人的語調和口氣來取樂。
▼以居高臨下的口氣說話，或常帶有「懂不懂……」、「我說的……」之類的口語。

你可以自我檢查，也可以邀請他人幫助觀察。將發現的問題記錄下來。讓他人有意在交談中模仿你失禮的表現，加深對此行為的認識。針對失禮制定小小的修正計畫，加強對自己所用語言的注意。

二、不要在他人面前炫耀自己

有些人與別人聊天時常常不歡而散。究其原因，不外乎聊天的話題平淡無味，大家興趣索然；聊天時遇到有爭論的話題，偏要與人爭個高低；或開對方過火的玩笑，帶有嘲弄的意思，令人不悅；此外，滔滔不絕地談論有關自己的話題，炫耀自己也是惹人討厭的常見不良習慣之一。如果你是與人聊天中說話最多的一個，那麼可以檢查自己在聊天過程中有沒有以上的表現，發現自己的習慣中有不妥之處，應馬上作個改變。

喜歡別人注意到自己的愛好或長處是人們常見的心理需求。自信的做法是，在與人交往中以行動表現出來，或者是在別人向你提問時謹慎回答。當別人沒有注意到你或是沒打算聽你自我介紹某些優勢時，你所說的話容易被人看成是自我炫耀。此時，對方的面部表情會自然地表現出冷淡。你若想確立自己的良好形象，保持謙虛謹慎的態度是上策。如果一個人總在別人面前顯示自己得意之情，一方面會暴露出自己膚淺的見識，另一方面會損失無價之寶——友誼。

相反，在與人交談時做一個好的聽眾，耐心聽別人的談話則是個人修養的一個方面。如果別人談話時，你不斷地插嘴，自吹自擂一番，對方將沒興趣再說，甚至還會反感。如果你常以此種方式與人交談，這是以自我為中心的談話態度，會妨礙你與人和睦相處。因此，要想獲得別人對你談話時的尊重，便要消除以下這些潛在的不正確認知：

▼我比周圍的人要強，他們不如我。
▼我說的這個話題很重要，他們不瞭解。
▼人人都要注意到我，我才會滿意。
▼我不說自己的優點，他們就無法知道。

如果你堅信自己在群體中只是普通的一員，各人都有自己所長，那麼只要你努力，別人一定會欣賞到你的優點，你也會遠離自我中心的談話方式。相反，你在與人聊天中注意傾聽別人的談話，並且表示適當的理解與肯定，你會成為受歡迎的聊天夥伴。

攻心為上
說話高手
訓練班

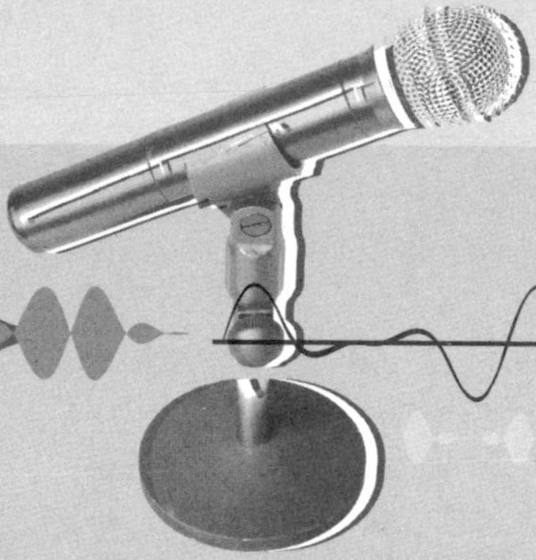

第四卷

比試這樣說話最得體

一 創造藉口

在約會時遲到了，對方明顯地不悅，這時你不妨試試創造藉口的能力：「車太擠」、「錶停了」、「我的經理正找我有要事商量」，這些也許是事實，但它們太平淡太正常了，以至於很難形成衝擊力卸去對方心中的不快。

「我打電話給你同事過的呀，我請他告訴你我會晚半小時，接電話的人沒有轉告過你嗎？」這是以攻為守的藉口。

「對不起，我剛才已經來了，不過我們主任就站在你旁邊等車，沒注意到？就那個穿藍西裝的。我就不太好意思過來了……」這是出奇制勝的藉口。其實，任何事情，除了它的真實原因之外，都完全可能存在一些邏輯上也成立的理由，這就是藉口。一個巧妙的藉口，可以把需花費半天口舌也未必能說清，甚至還會傷害彼此的麻煩化為無形。它為我們的日常生活起到了類似潤滑劑的作用。

藉口還可以借助於某種媒介，很藝術地創造出來。比如，電話就是一個極好的工具。

一個說話囉嗦，但你又不能得罪、怠慢的同事在你的辦公桌前滔滔不絕地說著無用的話語。你無法讓他停下來，又不能直截了當地推託有急事而跑開。那麼你不妨寫個小紙條遞給身邊的同事：「到隔壁打個電話給我」。幾分鐘後，電話鈴響了，你邊聽邊說：「什麼？馬上去？不行啊，我這裡有個很重要的客人，他的事很要緊。什麼？非去不行……好吧。」於是，你可以非常抱歉地送走那位饒舌來客，而且也沒有傷害他的自尊心與你們的感情。

藉口不是欺騙，欺騙有明顯的損人利己的功利性，而藉口沒有。世界很複雜，人性也同樣複雜。許多事，說不清講不明，說清講明，反而是最大的錯。創造出種種藉口來，卻是對這些似乎不可避免的相互傷害的躲避。

2 巧妙應對羞辱你的話

公然直接羞辱人的言語不論怎樣，都有一個共同點：說話的人很衝動，而且被逼得無話可說，你不可以被他的一句辱罵感染而變得像他一樣失去理智。應付他的基本對策是保持冷靜安詳，這樣才能夠穩操勝算。下面列舉幾種對待侮辱性語言的方法：

一、「你說話之前應該先想想」

你在說話之前怎不先想過呢？對方這樣說，並不是真的提醒你去運用思想，而是指責你說了令他不悅的話。此時，你可以試著選用下列方法應付：

1、你把重點放在時間問題上：「喔，那麼『以後』該怎樣呢？」

2、接受他的好意：「好，我盡力而為就是。不過，我一向習慣在你說話之前先想。」

3、採取幽默的態度，為他抱不平：「可是我想了你不想，對你不是太不公平了嗎？」或「我在這裡想，冷落了你，太失禮了。」

4、報以微笑，然後默默不語，如果他不耐煩了，想再說什麼，你就打斷他：「噓……！我正在想呀。」

二、「你父母是怎樣教你的？

談話之中突然牽扯到你的父母，這是最令人冒火的事，但是你千萬別為父母受了指責而生氣，對方與你父母無冤無仇，並不真打算侮辱他們，他的目標是惹你發火。在這種情況下，你可以試著選用下列方法應付：

1、裝傻充愣。你說：「我是爺爺奶奶帶大的。」

2、側面躲避。你默默想一會兒，再說：「我記不得了，恐怕得麻煩你自己去請問他們。」

3、正面回擊。可以作肯定的答覆回敬他：「我只記得一點，那就是不可以問這樣沒禮貌的問題。」

三、「我不要跟你這種人講話」

這樣的人不和你講話，是你該覺得幸運的事，你就該坦白表示出來。

在這種情況下，你可以試著選用下列方法應付：

1、「啊，太好了！」「真是老天有眼。」

2、他這句話是對你講的，你當然可以說：「哦？抱歉，我還以為你是在和我講話。」

3、對付這種無禮言辭的另一個方法就是假裝沒聽見：「你說什麼？」「你是說……？」「我沒聽見，你再說一遍好嗎？」不管他是否肯再說，都是他輸了。假如他果真糊里糊塗再說一遍，你就以牙還牙：「抱歉，你這種人說的話我聽不見。」

四、「你自以為是什麼人？」

這樣的話是要你對自我認識產生疑問——你為什麼說出這種話？

在這種情況下，你可以試著選用下列方法應付：

1、不要動怒，索性把他的話說清楚：「依你的意思，我要是某某人才夠資格和你說話，是嗎？」

2、謙和一點，請教他：「我沒想過這個問題，你常常自以為是什麼人嗎？」

3、用開玩笑的方式：「現在嗎？我自以為是受害者。」「不管是誰，反正是你沒聽過的人。」

五、「你少來這套」

這是不太重的話，即便是當眾以不周的語氣對你說了，你仍應該禮貌地答覆。回答的方式不外乎一般客套：「不必客氣。」「請笑納。」

如果是你說的一句話惹怒了對方，而使他說出這樣的話，你覺得他的怒意莫名其妙，你的話可以說重些：「本是你應得的，何必恭維！」

3
坦然面對別人的攻擊

一、以理解的心情面對對方的錯怪

不少時候，人和人之間的相互發火，是因為互不瞭解、有失溝通造成的。這時候得理的一方切不可因對方的錯怪而以怒制怒。最好的方式是多加解釋，想法溝通或者道歉、勸慰，與對方達成諒解或共識。

一所醫院裡，病人擠滿了候診室。一個病人排在隊伍中，將手上的雜誌都看完了也沒有挪動一步，於是他怒火萬丈，敲著值班室的窗戶對值班人員大喊：「你們這是什麼醫院？這麼多人排隊你們看不見嗎？為什麼不想辦法解決？我下午還有急事呢！」

值班員面對病人的怒火，耐心解釋說：「很抱歉，讓你等了這麼久。是這樣的，醫生去開刀搶救一個危重病人，一時脫不了身。我再打電話問問，看看他還要多久才能出來。謝謝你的耐心等候。」

患者排大隊得不到及時診治，責任並不在那個值班員身上。但是他理解病人的急切心情，因此，面對病人的錯怪，能夠沉住氣一面解釋，一面勸慰。這就比以怒制怒、火上添油的回答好多了。

二、用幽默自嘲擺脫尷尬局面

一位作家剛發表一篇小說，獲得了讚譽之聲。另一位作家卻不以為然，跑去問他：「這本書還不賴，是誰替你寫的？」

他答道：「哦，謝謝你的稱讚，不過，是誰替你把它讀完了？」幽默的回敬，對「揭短」者是一種有效的應付之道。

妻子、朋友、親戚有時會開玩笑似地揭你的「短」，弄得你有點下不了台。你想默認會覺得窩囊，想還口又覺得口吃。這時，怎樣從困境中擺脫出來？不妨運用幽默的語言、滑稽的表情和笑料沖淡這尷尬處境，活躍氣氛。

這也是語言機智應變的技巧之一。

顯然，設法改變處境比保持沉默要主動，但有一點應當明確，那些「揭短」的人通常是你的配偶、親友，你不能採用氣憤的話予以還擊，而幽默的解嘲是最好的辦法。

自嘲運用得好，可使交談平添許多風采。如果用不好，會使對方反感，造成交談障礙。自嘲要審時度勢，相機而用，不宜到處亂用。比如，對話答辯、座談討論、調查訪問等，就不宜使用自嘲。此外，自嘲要避免採取玩世不恭的態度。具有積極的自嘲，包含著自嘲者強烈的自尊、自愛。自嘲不過是當事者採取的一種貌似消極、實為積極的促使交談向好的方向轉化的手段而已。

三、以幽默調侃

一位巴黎的劇作家邀請小仲馬看他的新劇本的演出。大幕拉開了，戲正在演出。小仲馬不斷回頭，嘴裡嘟囔著：「一個，兩個，三個！」

「您在幹什麼？」劇作者納悶地問。

「我在替您數打瞌睡的人。」

過了些日子，小仲馬的劇本《茶花女》上演了。上次請小仲馬看戲的那位劇作者和小仲馬又坐在了一起。演出開始之後，他也不斷回頭去找，找了半天，居然也找到一個打瞌睡的人。

那位朋友欣喜若狂，連忙說：「親愛的，您的《茶花女》上演，也有人打瞌睡。」

小仲馬聽了毫不介意，幽默地說：「您不認識這個人嗎？他是上次看您的戲時睡著了，至今尚未醒來的人。」

四、找到攻擊者的弱點

美國總統羅斯福的新政，曾遭受到許多政治評論家的攻擊和批評，其中以亨利·門肯的批評最為嚴厲。

有一次在華盛頓裡迪羅俱樂部的大會上，政治人物雲集，當然，新聞記者更是裡裡外外忙個不停。輪到羅斯福演講時，他清了清喉嚨，對著在座的亨利・門肯笑了笑，說了開場白：「各位先生女士，我的朋友亨利……」

接下來的演講內容卻讓全場觀眾譁然，尤其是新聞記者，彼此面面相覷，十分驚訝。

羅斯福大肆謾罵美國的新聞界，指出新聞界的記者都十分無知、沒有常識，並且愚蠢而自大。在場記者覺得羅斯福簡直莫名其妙，怎麼好好地罵起人來了，但是再聽下去就漸漸地會過意來了。原來羅斯福所講的內容是亨利・門肯寫的一篇文章《美國新聞界》，這時所有的焦點都對準了滿臉通紅的亨利。本來要根據亨利抨擊的重點提出問題的記者，這時對他的評論內容起了懷疑，因為他對於記者的評論如此離譜，那麼對於羅斯福的政策抨擊又能相信嗎？

會後，羅斯福被人推著輪椅離開時，還特別到亨利面前微笑致意，表示出政治家的氣度。原本會遭受各界質詢的羅斯福，於是輕鬆地渡過這一關。

當遭受到攻擊時，想辦法找到對方的弱點，來轉移別人的注意力，減輕自己的壓力是很有效的防身術。

五、借助群眾的力量

英國作家蕭伯納的劇本《武器與人》，被搬上舞臺後，首演就獲得了很大成功。演出中，觀眾不斷鼓掌喝彩。劇終時，許多人不肯離去，紛紛要求劇作家與大家見面。

蕭伯納為了不辜負觀眾的熱情，只得走上舞臺，跟演員們一起向觀眾謝幕。不料，蕭伯納剛剛來到臺上，突然有個人怪喊起來：「蕭伯納，你的劇本糟透了，誰也不要看！收回去，停演吧！」

雖然這喊聲與整個演出過程中的氣氛極不協調，但它出現的太突然了，許多人一時怔在那裡，不知該怎麼辦。而更多的人則為蕭伯納捏了一把汗，想看看他如何處理這種局面。

誰知蕭伯納聽到喊聲，臉上笑容依舊，一點兒也不生氣，反而向那個人深深鞠了一躬，彬彬有禮地說：「我的朋友，你說得好，我完全同意你的意見。遺憾的是，我們兩個人反對這麼多的觀眾，是不是有點兒寡不敵眾？你有沒有什麼更好的主意，讓我們一起來禁止這個劇本的演出呢？」

蕭伯納這樣的知名作家，面對一個無名觀眾的當面污辱，既保持了沉著冷靜、不失風度，又沒有一味退讓，使其得逞，而是以有禮貌的外在表現，和幽默辛辣的語言，給予巧妙的回擊。這一來，觀眾的情緒被蕭伯納巧妙的回答感染，又爆發出一陣更熱烈的掌聲，使那個惡語傷人的傢伙無比狼狽。

六、巧妙闢謠

無端誹謗和造謠中傷在美國總統的競選中是常有的事。一八〇〇年，約翰·亞當斯在競選總統時，就有個共和黨人煞有其事地指控他曾委派競選夥伴平尼克將軍到英國挑選四個美女做情婦，兩個給平尼克，兩個給總統。

這種桃色新聞對於一個政壇要人來說其打擊往往是致命的，弄不好就會搞得身敗名裂。然而亞當斯卻沒有急於申辯和澄清，他大笑著說道：「假如

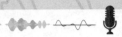

這是真的話，那平尼克將軍一定是瞞過了我，全都獨吞了！」周圍的人聽了，無不捧腹而笑。

七、保持平靜，不作攻擊

當別人確實侵犯到你，你當然有權利生氣。如果對方是陌生人，你可以大吼大嚷、漫天叫罵，然後一走了之，祈禱彼此再也不要碰面。但是，如果對方是你的同事、朋友或家人呢？

你仍然應該生氣，但別忘了溝通的藝術。得理不饒人的強烈抨擊，只會告訴對方：「在我眼中，你是個徹頭徹尾的無能者、不折不扣的壞蛋。」然而，當你平靜而清楚地告訴他：他的某些行為（而非他的人格、本性）激怒了你，為了什麼，這將使對方有路可走，可以改過遷善。

當然，改變自己和寬恕別人的確不容易，但值得努力。敵意和怒氣給我們的心靈與肉體帶來同樣沉重的負擔，未雨綢繆來避免它不是很好嗎？

4 對不懷好意者反唇相譏

一次，詩人歌德到公園散步，不巧在一條僅容一人透過的小徑上，碰見一位對他抱有成見並把他的作品批得一文不值的批評家。

狹路相逢，四目相對。批評家傲慢地說：「對一個傻瓜，我絕不讓路。」

歌德面對辱罵，微微一笑道：「我正好和你相反。」說完往路邊一站。

頓時，那位批評家的臉變得通紅，進退不得。

顯然，批評家的言行是粗野失禮的。然而，詩人既沒有氣極敗壞地以謾罵反擊，也不想吃啞巴虧，而是接過對方的話頭，以禮貌的方式，給以巧妙反擊。既教訓了對方，維護了自己的尊嚴，又表現了高雅風度。這就是一種成功的反擊形式——反唇相譏。這種反譏往往能抓住對方污辱性話題、機智地加以改造，運用具體豐富潛臺詞的話語，回敬給對方，簡練而精巧，文雅且有力。顯然，這是一種具有一定交際價值的以防衛為主旨的表達方式。其形式有：

一、點睛式

就是針對對方的譏諷攻擊之詞，運用點睛之語，點明事物的本質、問題的要害，「撥亂反正」，使真相大白，將對方陷入不利境地。

蘇聯首任外交部長莫洛托夫是一位貴族出身的外交家。在一次聯大會上，英國工黨一位外交官向他發難，說：「你是貴族出身，我家祖輩是礦工，我們兩個究竟誰能代表工人階級呢？」

莫洛托夫面對挑釁，不慌不忙地說：「對的，不過，我們兩個都當了叛徒。」

對方被駁得無言以對。在這裡，莫洛托夫的高明之處在於他並不與對方在現象上糾纏，而是抓住實質問題，指出了各自都背叛了原來的階級這一要害，畫龍點睛，一語中的，使對方搬石頭砸自己的腳。

俄國學者羅蒙諾索夫生活簡樸，不太講究穿著。有一次有位注重衣著但不學無術的德國人，看到他衣袖肘部有一個破洞，就挖苦說：「在這衣服的破洞裡我看到了你的博學。」

羅蒙諾索夫毫不客氣地說：「先生，從這裡我卻看到了另一個人的愚蠢。」

對方借衣服破洞，小題大作貶低人，反映了他的無恥和惡劣的品格。羅蒙諾索夫則機敏地選擇了與博學相對應的詞語「愚蠢」，準確地回敬給對方，使嘲弄人者受到嘲弄。

上述事例的共同特點是：反譏者並不糾纏對方的不良動機和不實之辭，而是以客觀事實為依託，著力選用精闢、準確、內涵豐富的詞語，回擊之。從字面上看這些詞語輕描淡寫，仔細琢磨卻「話中有話」，隱含著事實的本質和真相，對方一旦領悟已是猝不及防，只能敗北了。

二、比喻式

有些人常常用不雅事物比喻，譏諷、貶低別人的人格。如遇這種情況，你不妨採用同樣的思路，以比喻對比喻，給以反擊。

達爾文提出生物進化論後，赫胥黎竭力支持和宣傳進化論，與宗教勢力展開了激烈的論戰。教會詛咒他為「達爾文的鬥犬」。在倫敦的一次辯論會上，宗教頭目看到赫胥黎步入會場，便罵道：「當心，這隻狗又來了！」赫胥黎輕蔑地答道：「是啊，盜賊最害怕嗅覺靈敏的獵犬。」有力地回擊了對手。

在這裡，雙方都「比喻」，然而，赫胥黎巧妙地把兩個比喻物聯繫起來運用「盜賊怕獵犬」這一人所共知的常理，暗示宗教頭目與他的現實關係，進而戳穿了宗教頭目的醜惡本質和害怕真理的面目。

俄羅斯著名作家克雷洛夫，身材肥胖，面色較黑。一天他在郊外散步，遇到兩位花花公子，其中一位大笑著嘲諷道：「你看，來了一朵烏雲。」

克雷洛夫答道：「怪不得青蛙開始叫了！」那兩個無禮之徒自討沒趣，一溜煙地走了。

用比喻方式反譏，往往是利用事物間的「相克」關係，或相連關係，附會自己的思想感情，達到壓倒對手，批駁對手的目的。若用得恰當能產生強烈的諷刺意味和反駁效果。

三、引入式

當對方蓄意製造出一種使人難堪窘迫的局面時，最好的解脫方法莫過於把對方也引入這一局面之中，讓其自食其果，作繭自縛。

一天，英國戲劇家蕭伯納正坐在沙發上沉思，坐在他旁邊的美國金融家對他說：「蕭伯納先生，如果您讓我知道您正在思考什麼的話，我願意給您一美元。」

「啊，我的思考一美元也不值，」蕭伯納說，「我所思考的正是你。」

金融家想以一美元來耍笑蕭伯納，蕭伯納「接過」這廉價的一美元，設計了一個圈套，把它與金融家串聯起來，使金融家成為被戲弄的對象。

詩人海涅是猶太人，有一天，一位年輕學者對海涅說：「你知道在塔希提島上最引起我注意的是什麼？在那島上，既沒有猶太人，又沒有驢子！」

海涅聽了，冷靜地答道：「不過這種狀況是可以改變的——要是我倆一起到塔希提島上，那時情形將會怎樣呢？」年輕學者面紅耳赤，無言以對。

這也是一種引入，把雙方都引入其中，就會形成相反的局面。總之，不管哪種方式的引入，都是要使自己從對方製造的窘境中脫身，而把對方置於其中，讓其自食其果。

5 說錯話時的補救方式

一、言語失誤及時改口

歷史上和現實中許多能說會道的名人，在失言時仍死守自己的原則，因而慘敗的情形不乏其例。比如一九七六年十月六日，在美國福特總統和卡特共同參加的總統選舉第二次辯論會上，福特對《紐約日報》記者馬克斯、佛朗肯關於波蘭問題的質問，作了「波蘭並未受蘇聯控制」的回答，並說「蘇聯強權控制東歐的事實並不存在」。這一發言在辯論會上屬明顯的失誤，當時遭到記者立即反駁。但反駁之初佛朗肯的語氣還比較委婉，意圖給福特以訂正的機會。他說：「問這一件事我覺得不好意思，但是您的意思難道在肯定蘇聯沒有把東歐化為其附庸國？也就是說，蘇聯沒有憑軍事力量壓制東歐各國？」

福特如果當時明智，就應該承認自己失言並偃旗息鼓，然而他覺得身為一國總統，面對著全國的電視觀眾認輸，決非善策，於是繼續堅持，一錯再錯，結果為那次即將到手的選舉付出了沉重的代價。刊登這次電視辯論會的所有專欄、社論都紛紛對福特的失策作了報導，他們驚問：「他是真正的傻瓜呢？還是像隻驢子一樣的頑固不化？」

卡特也乘機把這個問題再三提出，鬧得天翻地覆。

高明的論辯家在被對方擊中要害時絕不強詞奪理，他們或點頭微笑，或輕輕鼓掌。如此一來，觀眾或聽眾弄不清葫蘆裡藏的什麼藥。有的從某方面理解，認為這是他們服從真理的良好風範；有的從另一方面理解，又以為這是他們不謂辯解的豁達胸懷。而究竟他們認輸與否尚是個未知的謎。這樣的辯論家即使要說也能說得很巧，他們會向對方笑道：「你講得好極了！」

相比之下，雷根就表現得高明許多。

一次，美國總統雷根訪問巴西，由於旅途疲乏，年歲又大，在歡迎宴會上，他脫口說道：「女士們，先生們！今天，我為能訪問玻利維亞而感到非常高興。」

有人低聲提醒他說溜了嘴，雷根忙改口道：「很抱歉，我們不久前訪問過玻利維亞。」

儘管他並未去玻國。當那些不明就裡的人還來不及反應時，他的口誤已經淹沒在後來滔滔的大論之中了。這種將說錯的地點時間加以掩飾的方法，在一定程度上避免了當面丟醜，不失為補救的有效手段。只是，這裡需要的是發現及時、改口巧妙的語言技巧，否則要想化解難堪也是困難的。

在實踐中，遇到這種情況下，有三個補救辦法可供參考：

1、移植法——就是把錯話移植到他人頭上。如說：「這是某些人的觀點，我認為正確的說法應該是……」這就把自己已出口的某句錯誤糾過來了。對方雖有某種感覺，但是無法認定是你說錯了。

2、引伸法——迅速將錯誤言詞引開，避免在錯中糾纏。就是接著那句話之後說：「然而正確說法應是……」或者說：「我剛才那句話還應作如下補充……」，這樣就可將錯話抹掉。

3、改義法——巧改錯誤的意義。當意識到自己講了錯話時，乾脆重複肯定，將錯就錯，然後巧妙地改變錯話的含義，將明顯的錯誤變成正確的說法。

二、借題發揮

就是錯話一經出口，在簡單的致歉之後立即轉移話題，有意借著錯處加以延伸，以幽默風趣、機智靈活的話語改變場上的氣氛，使聽者隨之進入新的情境中去。曾有一個剛畢業的大學生去某公司求職，一位負責接待的先生遞過來名片。

大學生神情緊張，匆匆一瞥，脫口說道：「滕野先生，您身為日本人，拋家別舍，來台創業，令人佩服。」

那人微微一笑：「我姓滕，名野七，道地的台灣人。」

大學生面紅耳赤，無地自容，片刻後，神志清醒，誠懇地說道：「對不起，您的名字使我想起了魯迅先生的日本老師——藤野先生。他教給魯迅許多為人治學的道理，讓魯迅受益終生。希望滕先生日後也能時常指教我。」

滕先生面帶驚奇，點頭微笑，最終錄用了他。

三、將錯就錯

現實生活中，常常會有因說錯話而陷入尷尬困境的情況。這或多或少會給人際交往帶來負面的影響。因而錯話說出以後如何進行補救就顯得尤為重要了。為了使錯誤能夠及時得以補救，最要緊的是掌握必要的方法。

將錯就錯不失為一個好辦法。這種方法就是在錯話出口之後，能巧妙地將錯話續接下去，最後達到糾錯的目的。其高妙之處在於，能夠不動聲色地改變說話的情境，使聽者不由自主地轉移原先的思路，不自覺地順著我的思維而思考，隨著我的話語而轉動情感。

某次婚宴上，來賓濟濟，爭向新人祝福。一位先生激動地說道：「走過了戀愛的季節，就步入了婚姻的漫漫旅途。感情的世界時常需要潤滑。你們現在就好比是一對舊機器……」其實他本想說「新機器」，卻脫口說錯，令舉座譁然。一對新人更是不滿溢於言表，因為他們都各自離異，自然以為剛才之語隱含譏諷。

那位先生的本意是要將一對新人比作新機器，希望他們能少些摩擦，多些諒解。但話既出口，若再改正過來，反為不美。他馬上鎮定下來，略一思索，不慌不忙地補充一句：「已過磨合期。」此言一出，舉座稱妙。這位先生繼而又深情地說道：「新郎新娘，祝願你們永遠沐浴在愛的春風裡。」大廳內掌聲雷動，一對新人早已笑若桃花。

這位來賓的將錯就錯令人叫絕。錯話出口，索性順著錯處續接下去，反倒巧妙地改換了語境，使原本尷尬的失語化作了深情的祝福，同時又道出了新人間情感歷程的曲折與相知的深厚，頗有些點石成金之妙。

四、「代罪羔羊」

老王的老同學到家裡來聊天，二人在客廳裡天南地北地聊著，不知不覺已經到了用晚餐的時間了。老王五歲的小兒子跑了進來，趴在老王的肩膀上咬耳朵。老王聊得正高興，很不耐煩地訓斥兒子：「沒禮貌！當著客人的面咬什麼耳朵？有話快說！」

小兒子順從地大聲說：「媽媽叫我告訴你，家裡沒有菜，不要留客人吃飯。」一時之間兩個大人都愣住了，多尷尬，怎麼解釋啊！

老王腦筋一轉，伸出手來，在兒子的小腦袋上輕輕打了一下，然後說：「小笨蛋！我不是告訴過你？只有在隔壁嘮叨討厭的林媽媽來的時候，才要跑出來說這句話嗎？你怎麼弄錯了？」

五、借題發揮

素有「東北虎」之稱的張作霖雖然出身草莽，卻粗中有細，常常急中生智，突使奇招，使本來糟透了的事態轉敗為勝。

有一次，張作霖出席名流集會。席上不乏文人墨客和附庸風雅之人，而張作霖則正襟危坐，很少說話。席間，有幾位日本浪人突然聲稱，久聞張大帥文武雙全，請即席賞幅字畫。張作霖明知這是故意刁難，但在大庭廣眾之下，「盛情」難卻，就滿口應允，吩咐筆墨侍候。這時，席上的目光全都集中在張作霖身上，幾個日本浪人更是掩飾不住譏諷的笑容，只見張作霖瀟灑地踱到桌案前，在滿幅宣紙上，大筆揮寫了一個「虎」字，左右端詳了一下，倒也勻稱，然後得意地落款「張作霖手黑」，躊躇滿志地擲筆而起。

那幾個日本浪人面對題字，一時丈二和尚摸不著頭腦，不由得面面相覷。其他在場的人也是莫名其妙，不知何意。

還是機敏的隨侍祕書一眼發現出了紕漏，「手墨」（親手書寫的文字）怎麼成了「手黑」？他連忙貼近張作霖身邊低語：「大帥，您寫的『墨』字下少了個『土』，『手墨』寫成了『手黑』。」張作霖一瞧，不由得一愣，怎麼把「墨」寫成了「黑」啦？如果當眾更正，豈不大煞風景？還要留下笑柄。這時全場一片寂靜。

只見張作霖眉梢一動，計上心來，他故意大聲呵斥祕書道：「我還不曉得『墨』字下面有個『土』？因為這是日本人索取的東西，不能帶土，這叫寸土不讓！」語音剛落，立即贏得滿堂喝彩。那幾個日本浪人這才領悟出意思來，越想越覺得沒趣，又不便發作，只好悻悻退場了。

六、承認自己的錯誤

人們大都有一個弱點，喜歡為自己辯護、為自己開脫。首要的原因可能是虛榮心在作祟。一向認為自己各方面的能力都不錯。很少有失誤發生，久而久之，自然養成了「一貫正確」的意識，一旦真的出現過錯，則在心理上難以接受。

出於對面子的維護，人們會找理由開脫，或者乾脆將過錯掩蓋起來。另外的原因是怕影響自己在他人中的威信及信任。其實，如果是作為下屬，敢於正視自己的過錯，可能會更加得到上司的賞識與信任；如果是作為上司，則過而不文也會使下屬對自己更加敬重，進而提高自己的威信。

格里・克洛納裡斯現在北卡羅來納州夏格特當貨物經紀人。在他給西爾公司做採購員時，他發現自己犯下了一個很大的估計上的錯誤。有一條對零售採購商至關重要的規則是不可以超支你所開帳戶上的存款數額。如果你的帳戶上不再有錢，你就無法購進新的商品，直到你重新把帳戶填滿——而這通常要等到下一次採購季節。

那次正常的採購完畢之後，一位日本商販向格里展示了一款極其漂亮的新式手提包。可這時格里的帳戶已經告急。他知道他應該在早些時候就備好下一筆應急款，好抓住這種好機會。此時他知道自己只有兩種選擇：要麼放棄這筆交易，而這筆交易對西爾公司來說肯定會有利可圖；要麼向公司主管承認自己所犯的錯誤，並請求追加撥款。

正當格里坐在辦公室裡苦思時，公司主管碰巧順路來訪。格里當即對他說：「我遇到麻煩了，我犯了個大錯。」他接著解釋了所發生的一切。

儘管公司主管不是個喜歡大手大腳地花錢的人，但他深為格里的坦誠所感動，很快設法給格里撥來所需款項，手提包一上市，果然深受顧客歡迎，賣得十分好。而格里也從超支帳戶存款一事記取了教訓。並且更為重要的是，他意識到這樣一點：當你一旦發現了自己陷入了事業上的某種錯誤，怎樣爬出來比如何跌進去最終會顯得更加重要。

當你不小心犯了某種大的錯誤，最好的辦法是坦率地承認和檢討，並盡可能快地對事情進行補救。只要處理得當，你甚至可以立於不敗之地。

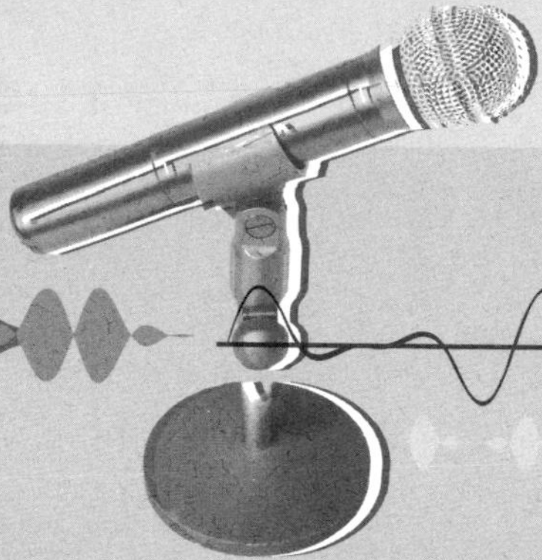

第五卷

最高境界 幽默

－使自己幽默一點

幽默是精神的緩衝劑。高尚的幽默，可以淡化矛盾，消除誤會，使不利的一方擺脫困境。世界幽默大師蕭伯納有一次在街上被一個騎自行車的人撞倒了。肇事者嚇得六神無主，驚慌之中連忙向他道歉，然而蕭伯納卻對他說：「先生，你比我更不幸，要是你再加點勁，那就可作為撞死蕭伯納的好漢，而永遠名垂史冊啦！」一句話使緊張的氣氛變得輕鬆起來。幽默，是社交場合裡不可缺少的潤滑劑，可以使人們的交往更順利、更自然、更融洽。

幽默是健康生活的調味品。在公眾場合和家庭裡，當發現一種不調和的或對一方不利的現象時，超然灑脫的幽默態度往往可以使窘迫尷尬的場面在笑語歡聲中消失。夫妻間的幽默還有特殊的功能：在一方心情惡劣或雙方發生衝突時，刺激性的語言無疑是火上加油；就是喋喋不休的規勸，也會事倍功半。而此時一個得體的小幽默，卻常常能使其轉怒為喜、破涕為笑。

幽默往往是有知識、有修養的表現，是一種高雅的風度。大凡善於幽默者，大多也是知識淵博、辯才傑出、思維敏捷的人。他們非常注意有趣的事物，懂得開玩笑的場合，善於因人、因事不同而開不同的玩笑，能令人耳目一新。一個人要想培養幽默感，就得以一定的文化知識、思想修養為基礎，多學習那些詼諧、風趣的人開玩笑的方式、方法。至於那些性格比較內向、做事過於認真呆板的人，要學會欣賞別人的幽默，在社交過程中儘量讓自己輕鬆、灑脫、活潑，想辦法將話說得機智、委婉、逗笑。當然，開始嘗試會感到不大自如，但只要我們坦率、豁達地在與朋友的交往中不斷實踐，幽默感便會變得自如，往往會油然而生，使交往更加情趣盎然。

善於理解幽默的人，容易喜歡別人；善於表達幽默的人，容易被他人喜歡。幽默的人易與人保持和睦的關係。現實生活中常常不乏令人碰得頭破血流仍然得不到解決的問題，但是，如果來點幽默，卻往往會迎刃而解。使同事之間、夫妻之間化干戈為玉帛。幽默還能顯示自信，增強成功的信心。信心有時也許比能力更重要。生活的艱難曲折極易使人喪失自信，放棄目標。若以幽默對待挫折卻往往能夠重新鼓起未來希望的風帆。

真正的幽默是一門學問，是科學，並不僅僅是引人發笑。引人發笑並不都是幽默。它需要具備一些素質和特徵。幽默的前提是諧趣，必然有滑稽的因素，我們能認識到的一切似乎是一種突然的頓悟，是一種愉快感和包含笑的行為的具體感受。

幽默的智慧是理智。它能將現實生活的豐富經驗，敏銳的洞察力，廣闊的知識融合起來揭示出現實生活中的特殊矛盾，從中發掘喜劇情趣，創造出崇高的幽默。幽默的標誌是高尚。有些自以為幽默的人常將別人作為笑料，以求嘩眾取寵，結果往往適得其反。

真正的幽默是尊重人、讚美人，將嚴肅的人生哲理寓於滑稽與微笑之中。即使是貶抑偽惡，其實質是褒揚真善。幽默的高尚正表現在其中。幽默的價值是審美。美感是人們欣賞審美物件時產生的怡情悅性的情感體驗。幽默的美感反映在嬉笑戲謔中給人以輕鬆愉悅的感受，反映在靈活的言行啟迪人的智慧。美感使得幽默永遠保持雋永迷人的魅力。

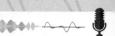

培養和提高幽默心理能力，要注意以下幾點：

1、要仔細觀察生活。觀察生活，尋找喜劇素材，需要我們善於變換視角，去發掘和表現這些素材。

2、要學習幽默技巧。幽默不是天生就會的，是後天學習掌握的。許多關於幽默的書籍和先人的經驗，都為我們提供了不少範例，值得我們廣泛涉獵，借鑒之用。

3、要敢於表達幽默。幽默能力只有在表達幽默的過程中才能得到核對總和提高，因而積極實踐至為重要。選擇適當的場合，針對適當的物件，都可顯示自己學習的幽默技巧。

2 用幽默拉近人之間的距離

我們在個人生活中，總是不斷地、交替地扮演著主人和客人的角色，因此我們有可能要去應付不合理的要求、令人不快的行為、或者鬧得不像話的場面。

有人想平息餐桌上的爭論，他提了一個十分意外的問題：「諸位，剛才是一道什麼菜？大概是雞！」

「是的。」一位客人回答。「一定是公雞！」

這人一本正經地說，「原來是雞在作祟，難怪大家會爭論起來。」說完他舉起酒杯：「來點滅火劑吧，諸位！」一場餐桌上的征戰頃刻間平息了。

有時候為了化解困境，沒有任何合適的方式，只有依靠幽默的力量。

當百貨公司大拍賣，搶購的人又推又擠的時候，每個人的脾氣都猶如槍彈上膛，一觸即發。有一位女士憤憤地對結帳小姐說：「幸好我沒打算在你們這裡找『禮貌』，在這裡根本找不到。」

結帳小姐沉默了一會兒，說：「那妳可不可以讓我看看妳的樣品？」那位女士愣了片刻，笑了。

作家歐希金也曾以幽默擺脫了一個困境。他在他的《夫人》一書中，寫到了美容產品大王盧賓絲坦女士。後來在一次他自己舉行的家宴中，一位客人不斷地批評他，說他不應該寫這種女人，因為她的祖先燒死了聖女貞德。其他客人都覺得很窘，幾度想改變話題，但是都沒有成功。

談話越來越令人受不了，最後歐希金自己說：「好吧，那件事總得有個人來做，現在你差不多也要把我燒死。」這句話馬上使他從窘境中脫身出來，隨後他又加上一句妙語：「作家都是他的人物的奴隸，真是罪該萬死！」

每一個有經驗的官員都知道，要使身邊的下屬能夠和自己齊心合作，就有必要將自己的形象人性化。

有一位年輕人新當上了董事長。上任第一天，他召集公司職員開會。他自我介紹說：「我是傑利，是你們的董事長。」然後打趣道：「我生來就是個領導人物，因為我是公司前董事長的兒子。」參加會議的人都笑了，他自己也笑了起來。他以幽默來證明他能以公正的態度來看待自己的地位，並對之具有充滿人情味的理解。實際上他委婉地表示了：正因為如此，我更要跟你們一起好好地幹，讓你們改變對我的看法。

有時我們確實需要以有趣並有效的方式來表達人情味，給人們提供某種關懷、情感和溫暖。

據說有位大法官，他寓所隔壁有個音樂迷，常常把音響的音量放大到使人難以忍受的程度。這位法官無法休息，便拿著一把斧頭，來到鄰居門口。他說：「我來修理你的音響。」音樂迷嚇了一跳，急忙表示抱歉。

法官說：「該抱歉的是我，你可別到法庭去告我，瞧我把兇器都帶來了。」說完兩人像朋友一樣笑開了。

這位法官並不是想把鄰居的音響砸壞。他是恰當地表達了對鄰居的不滿。請注意：是對音響而不是對人，他的行為似乎是對音樂迷說：「我們是朋友，我希望和你好好相處，至於音響是音響，可以修理一下。」當然，所謂「修理」只是把音響的聲音開小聲些罷了。

某大公司的董事長和國稅局長有稅務爭議，雙方很難心平氣和地坐在一起，可是又必須把他們都請來參加一個重要的會議。他們不得不來了，但是雙方都視而不見，猶如兩個瞎子。

這時，會議主持人抓住他們的矛盾，進行了一瞬間的趣味思考。他向人們介紹這位董事長時，說：「下一位演講的先生不用我介紹，但是他的確需要一個好的稅務律師。」聽眾爆發出一陣大笑。董事長和財稅局長也都笑了。

這就是「趣味思考法」，不要正面揭示或回答問題，而是用愉悅的、迂迴的方式揭示或回答問題。著名足球教練羅克尼，也是個善於進行趣味思考的人。

幽默作家班奇利，在一篇文章中謙虛地談到他花了十五年時間才發現自己沒有寫作的才能。結果一位讀者來信對他說：「你現在改行還來得及。」班奇利回信說：「親愛的，來不及了。我已無法放棄寫作了，因為我太有名了。」這封信後來被刊登在報紙上，人們為之笑了很長時間。

事實是班奇利的幽默作品聞名遐邇，但他沒有指責那位缺乏幽默感的讀者。他以令人愉悅的、迂迴的方式回答了問題，既保護了讀者可愛的自尊心，也保護了自己的榮譽。

如果你對自己幽默的手法沒有足夠的自信，不妨學學孩子式的幽默。即使在五十歲以後，我們也經常為孩子們由於天真而產生的幽默所感動。他們是真正以坦誠待人，不會隱瞞任何事實。當他們毫不掩飾地道出心裡想的或事實真相時，人們一下子就喜歡上他們，跟他們在一起會感到非常的輕鬆、愉快。

有一次，傑克在家裡請幾位朋友吃飯。朋友來了，他妻子要他的小女兒向客人說幾句歡迎的話。她不願意，說：「我不知道要說些什麼話。」這時一位來做客的朋友建議：「你聽到媽媽說什麼，你就說什麼好了。」他女兒點點頭，說：「老天！我為什麼要花錢請客？我們的錢都流到哪兒去了？」

傑克的朋友們大笑起來，連他妻子也不好意思地笑了。

這就是孩子式的幽默。他女兒把母親的想法以極純真的方式說了出來，使大人們也不得不認真地檢討一下自己的想法，同時也減輕了我們對金錢方面的憂慮。傑克從中得到了一點東西：孩子式的幽默能使我們顯得格外真誠。

為了取得理想的效果，幽默時要特別注意以下兩點：

一、幽默必須真實而自然

我們經常看到和聽到一些政治家們的幽默言行。他們大多把幽默的力量運用得十分自如，真實而自然。沒有聳人聽聞，也不嘩眾取寵，更不是做戲。這是因為，他們都知道太精於說妙語和笑話，對個人的形象並無幫助。

但是有的政治家就不那麼高明了，他們搖頭擺尾、手勢又多又複雜。有的人智力平平，卻非要附庸風雅，企圖以成串的笑料和廉價的笑來博得聽眾的歡心。他們硬要把自己塞進別人的肚子裡，不顧別人是不是有這個胃口。

結果也許是真的引起了笑，但很可能是笑他形象的滑稽和為人的淺薄。

芝加哥有個人，他一心想得到某俱樂部主席的位置。他在一次對俱樂部成員的演說中，表現過了頭，在不到兩小時的演說過程中，他至少說了五十則笑話，並配以豐富的表情和確實引人發笑的手勢，聽眾們被逗得哈哈大笑。末了，在他講完最後一則笑話時，有人大叫「再來一個！」

這位老兄也真的再來了一個，再次把人逗得瘋狂大笑。但是他沒有當上俱樂部主席，他的票數是候選人中的倒數第二。

當他悶悶不樂地走出俱樂部時，他問那位喊「再來一個」的聽眾：「你說我比他們差嗎？」

「不，一點也不差，」那人說，「你比他們有趣多了，你可以去當喜劇演員。」

二、敢笑自己的人才有權利開別人的玩笑

有人對一位公司董事長頗反感，他在一次公司職員聚會上，突然問董事長：「先生，你剛才那麼得意，是不是因為當了公司董事長？」

這位董事長立刻回答說：「是的，我得意是因為我當了董事長。這樣我就可以實現從前的夢想，親一親董事長夫人的芳容。」

董事長敏捷地接過對方取笑自己的目標，讓它對準自己，於是他獲得了一片笑聲。連那位發難的人也忍不住笑了。

許多著名人物，特別是演員，都以取笑自己來達到雙方完滿的溝通。他們利用一般認為並不好看的外貌特徵來開自己個玩笑。如瑪莎蕃伊的「大嘴巴」。還有一位發胖的女演員，拿自己的體態開玩笑說：「我不敢穿上白色

泳衣去海邊游泳。我一去，飛過上空的美國空軍一定會大為緊張，以為他們發現了古巴。」

人們沒有理由不喜歡這樣的人。如果今後他們拿我們開玩笑時，我們只能跟他們一起哈哈大笑，而沒有半點怨言。

笑自己的長相，或笑自己做得不太漂亮的事情，會使你變得較有人緣。如果你碰巧長得英俊或美麗，要感謝祖先的賞賜。同時也不妨讓人輕鬆一下，試著找找自己的缺點。如果你真的沒有什麼有趣味的缺點，就去虛構一個，缺點通常不難找到。

3 幽默的實用技巧

一、比喻是幽默的基本方法之一

透過比喻可以揭示事物的不一致性，使用對比句是逗笑的極好方法。古羅馬政治家西塞羅就常用這一方法，比如：「先生們，我這個人什麼都不缺，除了財富與美德。」

二、巧用歇後語

歇後語也是一種轉折形式；它分為前後兩部分，前面部分一出，造成懸念，後面部分翻轉，產生突變，「緊張」從笑中得宣洩

三、倒置

透過語言材料變通使用，把正常情況下人物關係，本末、先後、尊卑關

係等在一定條件下互換位置，能夠產生強烈的幽默效果。如有語字的倒置，「連說都不會話」。

四、倒引

比較常用的幽默方法是倒引，即引用對方言論時，能以其人之語還治其人之身。如；

老師對吵鬧不休的女學生說：

「兩個女子等於一千隻鴨子。」

不久，師母來校，一個女學生趕忙向老師報告：

「先生，外面有五百隻鴨子找您。」

五、轉移

當一個表達方式原是用於本義，而在特定條件下扭曲成另外的意義時，於是便獲得幽默效果。

空中小姐用和諧悅耳的聲音對旅客命令道：

「把菸滅掉，把安全帶繫好。」

所有的旅客都按照空中小姐的吩咐做了。過了五分鐘後，空中小姐用比前次還優美的聲音又命令道：

「再把安全帶繫緊點吧，很不幸，我們飛機上忘了帶餐點。」

六、誇張

運用豐富的想像，把話說得張惶鋪飾，也能收到幽默效果。大家比較熟悉的幽默「心不在焉的教授」，也是運用了誇張這一手法的。

教授：為了更確切地講解青蛙的解剖，我給你們看兩隻解剖好了的青蛙，請大家仔細觀察。

學生：教授！這是兩塊三明治麵包和雞蛋。

教授（驚訝地）：我可以肯定，我已經吃過午餐了，但是那兩隻解剖好的青蛙呢？

七、「天真」

佛洛德就曾把天真看成是最能令人接受的滑稽的形式。

一位婦人抱著一個小孩走進銀行。小孩手裡拿著一塊麵包直伸過去送給出納員吃。出納員微笑著搖了搖頭，「不要這樣，乖乖，不要這樣」，那個婦人對小孩子說，然後回過頭來對出納員說，「真對不起，請你原諒他。因為他剛剛去動物園。」

語言幽默的方法還有很多，諸如比喻、轉折、雙關、故做曲解、故做天真、諧稱等也都為人們所喜聞樂見。

4 開玩笑要適度

人際交往中，開個得體的玩笑，可以鬆馳神經，活躍氣氛，創造出一個適於交際的輕鬆愉快的氛圍，因而詼諧的人常能受到人們的歡迎與喜愛。但是，開玩笑開得不好，則適得其反，傷害感情，因此開玩笑要掌握好分寸。

一、內容要高雅

笑料的內容取決於玩笑者的思想情趣與文化修養。內容健康、格調高雅的笑料，不僅給對方啟迪和精神的享受，也是對自己美好形象的有力塑造。鋼琴家波奇一次演奏時，發現全場有一半座位空著，他對聽眾說：「朋友們，我發現這個城市的人們都很有錢，我看到你們每個人都買了兩、三個座位的票。」於是這半屋子聽眾放聲大笑。波奇無傷大雅的玩笑話使他反敗為勝。

二、態度要友善

與人為善，是開玩笑的一個原則。開玩笑的過程，是感情互相交流傳遞的過程，如果借著開玩笑對別人冷嘲熱諷，發洩內心厭惡、不滿的感情，那麼除非是傻瓜才識不破。也許有些人不如你口齒伶俐，表面上你占到上風，但別人會認為你不能尊重他人，進而不願與你交往。

三、行為要適度

開玩笑除了可借助語言外，有時也可以透過行為動作來逗別人發笑。有對小夫妻，感情很好，整天都有開不完的玩笑。一天，丈夫擺弄獵槍，對準妻子說：「不許動，一動我就打死你！」說著不小心扣動了扳機。結果，妻子被意外地打成重傷。可見，玩笑千萬不能過度。

四、對象要分清

同樣一個玩笑，能對甲開，不一定能對乙開。人的身分、性格、心情不同，對玩笑的承受能力也不同。

對方性格外向，能寬容忍耐，玩笑稍微過大也能得到諒解。對方性格內向，喜歡琢磨言外之意，開玩笑就應慎重。對方儘管平時生性開朗，假如恰好碰上不愉快或傷心事，就不能隨便與之開玩笑。相反，對方性格內向，但正好喜事臨門，此時與他開個玩笑，效果會出乎意料地好。

此外，還要注意以下幾點：

1、和長輩、晚輩開玩笑忌輕佻放肆，特別忌談男女情事。幾輩同堂時的玩笑要高雅、機智、幽默、解頤助興、樂在其中。在這種場合，忌談男女風流韻事。當同輩人開這方面玩笑時，自己以長輩或晚輩身分在場時，最好不要摻言，只若無其事地旁聽就是。

2、和非血緣關係的異性單獨相處時忌開玩笑（夫妻自然除外），哪怕是開正經的玩笑，也往往會引起對方反感，或者會引起旁人的猜測非議。要注意保持適當的距離。當然，也不能拘謹彆扭。

3、和殘疾人開玩笑，注意避諱。人人都怕別人用自己的短處開玩笑，殘疾人尤其如此。俗話說，不要當著和尚罵禿兒，癩子面前不談燈泡。

4、朋友陪客時，忌和朋友開玩笑。人家已有共同的話題，已經成和諧融洽的氣氛，如果你突然介入與之玩笑，轉移人家的注意力，打斷人家的話題，破壞談話的雅興，朋友會認為你掃他面子。

五、場合要適宜

美國總統雷根一次在國會開會前，為了試試麥克風是否正常，張口便說：「先生們請注意，五分鐘之後，我對蘇聯進行轟炸。」一語既出眾皆譁然。雷根在錯誤的場合、時間裡，開了一個極為荒唐的玩笑。為此，蘇聯政府提出了強烈抗議。

總之，開玩笑不能過分，尤其要分清場合和對象。

卷外測驗——你能夠有效表達自己的意思嗎？

為了測試自己說話是否最有效，請回答下列問題：

一、你跟人聊天時能夠找到彼此都感興趣的話題嗎？

1、總是。

2、有時是。

3、否。

二、你希望說服一位的同事按你的建議去做，應怎麼辦？

1、儘量使他相信這建議至少有一部分是出自他的頭腦。

2、委婉施壓。

3、強行命令。

三、有位同事連續三次在週末請你幫忙，此時你會說：

1、我非常願意為你幫忙。

2、今天不行，下午四點我早就安排好了。

3、我不能再幫你了，我自己的事都做不完。

四、被上司召見談話之前，
你會為自己臨場將不知說什麼所擔心嗎？

1、不會。

2、不知道。

3、經常會。

五、你能不能讓同事幫你辦私事？

1、能。

2、有時能。

3、不能。

六、公司開會時，你會積極發表看法嗎？

1、會。

2、有時會。

3、不會

七、你覺得在求職中介紹自己時應該謙虛嗎？

1、否。

2、不知道。

3、是。

八、當你主持會議時，有一位同事一直以不相干的問題干擾會議，此時你會：

1、告訴該同事在預定的議程之前先別提出別問題。

2、只顧自己的發言，不理會別人在幹什麼。

3、生氣地大聲斥責對方。

九、告訴朋友一個事件時，你是否喜歡獨佔談話時的話題，並且把細枝末節都說得很清楚嗎？

1、否。

2、有時會。

3、是。

十、你是否經常爭取機會，在別人面前表述自己的觀點？

1、是。

2、很少。

3、從不。

【得分指導】

每個問題選擇1得2分；選擇2得0分；選擇3得0分。

▼總分在0～12分，說明你不算是一個會有效說話的人，有必要加強這方面的能力培養，建議你再次認真閱讀本書內容。

▼總分在13～17，說明你基本是一個會有效說話的人，但仍需繼續學習和鍛鍊，不斷提高自己，可有選擇性地閱讀本書部分內容，並在實踐中仔細體會。

▼總分在18分以上，說明你是一個很會說話的人，如果能把在本書中學到的新技巧應用到實踐中，就有可望成為說話最有效的人。

這個評價並不是對你的說話能力的準確衡量，而是一種定性的評估。你的得分表明你目前的說話能力，而不表明你潛在的說話能力。只要仔細閱讀本書的內容，並在實踐中靈活運用，你就一定能夠提高自己的表達能力。

TALENT TOOL

大大的享受拓展視野的好選擇

大拓 Talent TooL

永續圖書線上購物網
www.foreverbooks.com.tw

謝謝您購買 **攻心為上：說話高手訓練班** 這本書！

即日起，詳細填寫本卡各欄，對折免貼郵票寄回，我們每月將抽出一百名回函讀者寄出精美禮物，並享有生日當月購書優惠！

想知道更多更即時的消息，歡迎加入"永續圖書粉絲團"

您也可以利用以下傳真或是掃描圖檔寄回本公司信箱，謝謝。

傳真電話：（02）8647-3660　　　信箱：yungjiuh@ms45.hinet.net

☺ 姓名：＿＿＿＿＿＿　□男　□女　　□單身　□已婚

☺ 生日：＿＿＿＿＿＿　□非會員　　□已是會員

☺ E-Mail：＿＿＿＿＿＿　電話：（　）＿＿＿＿

☺ 地址：＿＿＿＿＿＿

☺ 學歷：□高中及以下　□專科或大學　□研究所以上　□其他＿＿＿＿

☺ 職業：□學生　□資訊　□製造　□行銷　□服務　□金融

□傳播　□公教　□軍警　□自由　□家管　□其他＿＿＿＿

☺ 您購買此書的原因：□書名　□作者　□內容　□封面　□其他＿＿＿＿

☺ 您購買此書地點：＿＿＿＿＿＿　金額：＿＿＿＿

☺ 建議改進：□內容　□封面　□版面設計　□其他＿＿＿＿

您的建議：＿＿＿＿＿＿

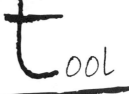

新北市汐止區大同路三段一九四號九樓之一

大拓文化事業有限公司收

請沿此虛線對折免貼郵票，以膠帶黏貼後寄回，謝謝！